De Italiaanse Keuken
Passie, Smaak, en Traditie

Luca Rossi

INHOUD

Gnocchi met spinazie en aardappelen 8

Zeevruchtengnocchi met tomatensaus en olijven 12

Groene gnocchi in roze saus 17

Griesmeelgnocchi 20

Dumplings uit Abruzzen 23

Met ricotta gevulde pannenkoeken 27

Timbale uit Abruzzo, pannenkoeken met champignons 31

Ambachtelijke Toscaanse spaghetti met vleessaus 36

Pici met knoflook en paneermeel 40

Griesmeel pastadeeg 43

Cavatelli uit Ragu 45

Cavatelli met calamares en saffraan 47

Cavatelli met rucola en tomaat 51

Orecchiette met varkensragout 53

Orecchiette met rabebroccoli 56

Orecchiette met bloemkool en tomaten 59

Orecchiette met worst en kool 62

Orecchiette met zwaardvis 64

witte risotto 75

Milanese saffraanrisotto 78

Risotto met Asperges 81

Risotto met rode paprika 84

Risotto met tomaten en rucola 87

Risotto met rode wijn en radicchio 90

Risotto met romige bloemkool 94

Citroenrisotto 97

spinazierisotto 100

gouden pompoenrisotto 103

Venetiaanse risotto met erwten 106

Lenterisotto 109

Risotto met tomaat en fontina 113

Risotto met garnalen en selderie 116

Zeevruchtenrisotto" 121

Geroosterde lamsbout met aardappelen, knoflook en rozemarijn 125

Lamsbout met citroen, kruiden en knoflook 128

Courgette gevuld met gestoofd lamsvlees 130

Konijn met witte wijn en kruiden 133

Konijntje met olijven 136

Konijn in Porchetta-stijl 139

Konijn met tomaten 142

Zoetzuur gestoofd konijn 144

Geroosterd konijn met aardappelen 147

ingelegde artisjokken 150

Romeinse artisjokken 152

gestoomde artisjokken 154

Artisjokken op Joodse wijze 156

Romeinse lentegroentenstoofpot 159

Krokante artisjokharten 161

Gevulde artisjokken 163

Gevulde artisjokken op Siciliaanse wijze 166

Asperges in de pan 169

Asperges met olijfolie en azijn 171

Asperges met citroenboter 173

Asperges met diverse sauzen 175

Asperges met kappertjesdressing en eieren 177

Asperges met Parmezaanse kaas en boter 179

Pakketten asperges en prosciutto 181

Gebakken asperges 183

Asperges in Zabaglione 185

Asperges met Taleggio en pijnboompitten 187

Timbales van asperges 190

Bonen in landelijke stijl 193

Toscaanse bonen 195

bonensalade 198

Bonen en kool 200

Bonen in salie en tomatensaus 202

kikkererwten stoofpot 204

Tuinbonen met bittere greens 206

Verse tuinbonen op Romeinse wijze 209

Verse Umbrische tuinbonen 211

Broccoli met olie en citroen 213

Parma-stijl broccoli 215

Broccoli rabe met knoflook en pepperoni 217

Broccoli met prosciutto 219

Rabe broccolibroodjes 221

Broccoli rabe met spekjes en tomaten 223

Gnocchi met spinazie en aardappelen

Gnocchi met friet en spinaci

Maakt 6 porties

Hoewel het in Italië niet vaak wordt gemaakt, serveer ik gnocchi soms graag met goulash of goulash. Ze nemen de saus goed op en zijn een leuke afwisseling van aardappelpuree of polenta. Probeer deze gnocchi (zonder saus of kaas) eens als bijgerecht<u>Gestoofde varkensstaart op Romeinse wijze</u>Of<u>Runderstoofpot uit Friuli</u>.

Rooster 1 1/2 pond aardappelen

1 zak (10 ons) spinazie, schoongemaakt

Zout

2 kopjes bloem voor alle doeleinden, plus meer om de gnocchi te vormen

1 groot ei, losgeklopt

   1/2 kop<u>Boter-saliesaus</u>

1 kop vers geraspte Parmigiano-Reggiano

1.Plaats de aardappelen in een grote pan met koud water om ze onder water te zetten. Dek de pan af en breng het aan de kook. Kook tot de aardappelen gaar zijn als je er met een mes in prikt, ongeveer 20 minuten.

twee. Doe de spinazie in een grote pan met 1/2 kopje water en zout naar smaak. Dek af en kook tot de spinazie gaar is, ongeveer 2 tot 3 minuten. Giet de spinazie af en laat afkoelen. Leg de spinazie op een theedoek en knijp het vocht eruit. Snij de spinazie heel fijn.

3.Terwijl de aardappelen nog heet zijn, schil ze en snijd ze in blokjes. Pureer de aardappelen met behulp van de kleinere gaten van een voedselmolen of graanmolen, of met de hand met een aardappelstamper. Voeg spinazie, ei en 2 theelepels zout toe. Voeg 11/2 kopjes bloem toe tot het gemengd is. Het deeg zal stijf zijn.

vier. Schraap de aardappelen op een met bloem bestoven oppervlak. Kneed kort en voeg voldoende bloem toe tot een zacht deeg, net genoeg om de gnocchi hun vorm te laten behouden tijdens het koken, maar niet zo veel dat ze zwaar worden. Het deeg moet een beetje plakkerig zijn. Als je het niet zeker weet, kook dan een kleine pan met water en doe er een stuk deeg in om te testen. Kook tot de gnoco verschijnt. Als het deeg begint te scheiden, voeg dan meer bloem toe. Anders is de taart prima.

5. Zet de taart voorlopig opzij. Schraap het bord om eventueel overgebleven deeg te verwijderen. Was en droog uw handen en bestuif ze met bloem. Zet een of twee grote bakvormen klaar en bestuif ze met bloem.

6. Snijd het deeg in 8 stukken. Laat het resterende deeg bedekt en rol een stuk tot een lang touw van ongeveer 3/4 inch dik. Snijd het touw in klompjes van 1/2 inch.

7. Om het deeg vorm te geven, houdt u de vork in één hand met de tanden naar beneden gericht. Wikkel met de duim van je andere hand elk stuk deeg over je tanden en druk lichtjes aan, zodat er groeven aan de ene kant en een verdieping aan de andere kant ontstaan. Schik de gnocchi in de voorbereide kommen. De onderdelen mogen elkaar niet raken. Herhaal met het resterende deeg.

8e. Bewaar gnocchi in de koelkast tot ze klaar zijn om te koken. (De gnocchi kunnen ook worden ingevroren. Plaats de bakplaten een uur in de vriezer of tot ze hard zijn. Plaats de gnocchi in een grote, stevige plastic zak. Laat ze maximaal een maand invriezen. Niet ontdooien voordat u ze gaat koken.)

9. Bereid de saus voor. Om de gnocchi te bereiden, kook je water in een grote pan. Voeg zout naar smaak toe. Zet het vuur laag zodat het water zachtjes kookt. Voeg ongeveer de helft van de gnocchi toe aan het water. Nadat je de gnocchi hebt laten drijven, laat je hem ongeveer 30 seconden koken. Haal de gnocchi met een schuimspaan uit de pan en laat goed uitlekken.

10. Zet een voorverwarmde, ondiepe serveerschaal klaar. Giet een dun laagje hete saus in de kom. Voeg de gnocchi toe en meng voorzichtig. Kook de rest van de gnocchi op dezelfde manier. Giet de saus erover en bestrooi met kaas. Heet opdienen.

Zeevruchtengnocchi met tomatensaus en olijven

Visgnocchi met olijvensaus

Maakt 6 porties

Op Sicilië worden aardappelgnocchi soms op smaak gebracht met zout of andere delicate vis. Ik serveer ze met een licht pikante tomatensaus, maar een boter-kruidensaus smaakt ook prima. Deze pasta heeft geen kaas nodig.

1 pond gebakken aardappelen

1 1/4 kopje olijfolie

1 kleine ui fijngesneden

1 teentje knoflook

300 gram botfilet of andere malse witte vis, in stukken van 2 inch gesneden

1 1/2 kopje droge witte wijn

Zout en versgemalen zwarte peper

1 groot ei, losgeklopt

Ongeveer 2 kopjes bloem voor alle doeleinden

Duiken

1 1/4 kopje olijfolie

1 gehakte lente-ui

2 ansjovisfilets

1 eetlepel zwarte olijvenpasta

2 kopjes gepelde, gezaaide en gehakte verse tomaten of ingeblikte geïmporteerde Italiaanse tomaten, uitgelekt en gehakt

2 eetlepels gehakte verse peterselie

Zout en versgemalen zwarte peper

1. Plaats de aardappelen in een pan met koud water om ze onder water te zetten. Breng aan de kook en kook tot ze gaar zijn als je er met een mes in prikt. Zeef en laat afkoelen.

twee. Fruit in een middelgrote koekenpan de ui en knoflook in de olijfolie op middelhoog vuur gedurende 5 minuten, tot de ui zacht is. Voeg de vis toe en bak 1 minuut. Voeg naar smaak wijn, zout en peper toe. Kook tot de vis gaar is en het grootste deel van de vloeistof is verdampt, ongeveer 5 minuten. Wacht tot het is afgekoeld en schraap de inhoud van de pan in een keukenmachine of blender. Pureer tot een glad mengsel ontstaat.

3. Dek grote pannen af met aluminiumfolie of huishoudfolie. Haal de aardappelen door een vleesmolen of vleesmolen in een grote kom. Vispuree en ei toevoegen. Voeg geleidelijk bloem en zout toe tot er een licht plakkerig deeg ontstaat. Kneed kort tot alles glad en goed gemengd is.

vier. Verdeel het deeg in 6 stukken. Laat het resterende deeg bedekt en rol een stuk tot een lang touw van ongeveer 3/4 inch dik. Snijd het touw in klompjes van 1/2 inch.

5. Om het deeg vorm te geven, houdt u de vork in één hand met de tanden naar beneden gericht. Wikkel met de duim van je andere hand elk stuk deeg over je tanden en druk lichtjes aan, zodat er groeven aan de ene kant en een verdieping aan de andere kant ontstaan. Schik de gnocchi in de voorbereide kommen. De onderdelen mogen elkaar niet raken. Herhaal met het resterende deeg.

6. Bewaar gnocchi in de koelkast tot ze klaar zijn om te koken. (De gnocchi kunnen ook worden ingevroren. Plaats de bakplaten een uur in de vriezer of tot ze hard zijn. Plaats de gnocchi in een grote, stevige plastic zak. Laat ze maximaal 1 maand invriezen. Niet ontdooien voordat u ze gaat koken.)

7. Meng voor de saus de olie met de lente-uitjes in een grote pan. Voeg de ansjovisfilets toe en kook tot de ansjovis gesmolten zijn, ongeveer 2 minuten. Voeg olijvenpasta, tomaten en peterselie toe. Voeg zout en peper toe en kook tot het tomatensap iets dikker wordt, 8 tot 10 minuten. Giet de helft van de saus in een grote, warme kom en serveer.

8e. Gnocchi bereiden: Breng water aan de kook in een grote pan. Voeg zout naar smaak toe. Zet het vuur laag zodat het water zachtjes kookt. Voeg ongeveer de helft van de gnocchi toe aan het water. Nadat je de gnocchi hebt laten drijven, laat je hem ongeveer 30 seconden koken. Haal de gnocchi met een schuimspaan uit de pan en laat goed uitlekken. Schik de gnocchi in een serveerschaal. Kook de rest van de gnocchi op dezelfde manier. Voeg de resterende saus toe en roer voorzichtig. Serveer onmiddellijk.

Groene gnocchi in roze saus

Gnocchi Verdi in Rossasaus

Maakt 6 porties

Ik heb deze dumplings voor het eerst gegeten in Rome, hoewel ze meer typisch zijn voor Emilia-Romagna en Toscane. Ze zijn lichter dan aardappelgnocchi en de gehakte groenten geven ze een oppervlaktetextuur, dus je hoeft de gehaktballetjes niet met een vork in vorm te brengen. Probeer ze voor de verandering eens te besproeien <u>Boter-saliesaus</u>.

   3 kopjes <u>roze saus</u>

1 pond spinazie, stengels verwijderd

1 pond snijbiet, stengels verwijderd

$1 1/4$ kopje water

Zout

2 eetlepels ongezouten boter

$1 1/4$ kop fijngehakte ui

1 pond geheel of gedeeltelijk ontvette ricotta

2 grote eieren

1½ kopjes vers geraspte Parmigiano-Reggiano

1 1/4 theelepel gemalen nootmuskaat

vers gemalen zwarte peper

1 1/2 kopjes bloem voor alle doeleinden

1. Bereid de saus voor. Meng vervolgens de twee groenten, water en zout naar smaak in een grote pan. Kook gedurende 5 minuten of tot ze zacht en gaar zijn. Zeef en laat afkoelen. Wikkel de groenten in een handdoek en knijp om de vloeistof te verwijderen. Hak fijn.

twee. Smelt de boter in een middelgrote koekenpan op middelhoog vuur. Voeg de ui toe en roerbak tot hij goudbruin is, ongeveer 10 minuten.

3. Meng in een grote kom de ricotta, eieren, 1 kopje Parmigiano-Reggiano, nootmuskaat en zout en peper naar smaak. Voeg de ui en de gehakte groenten toe en meng

goed. Roer de bloem tot het goed gemengd is. Het deeg zal zacht zijn.

vier. Bekleed bakplaten met perkament of vetvrij papier. Maak je handen nat met koud water. Houd een lepel deeg apart. Vorm lichtjes een bal met een diameter van 3/4 inch. Plaats de bal op de bakplaat. Herhaal met het resterende deeg. Dek af met folie en zet in de koelkast tot het klaar is om te koken.

5.Kook minimaal 4 liter water. Voeg zout naar smaak toe. Zet het vuur iets lager. Voeg meerdere gnocchihelften tegelijk toe. Als ze naar de oppervlakte drijven, kook dan nog eens 30 seconden.

6.Giet de helft van de hete saus in een warme kom. Haal de gnocchi met een schuimspaan uit de pan en laat goed uitlekken. Voeg ze toe aan de bron. Dek af en houd warm terwijl je de overige gnocchi op dezelfde manier bereidt. Werk af met de resterende saus en kaas. Heet opdienen.

Griesmeelgnocchi

Gnocchi Alla Romana

Recept voor 4 tot 6 porties

Zorg ervoor dat je de pap volledig met vloeistof kookt. Als het niet gaar is, heeft het de neiging om tot een deeg te smelten in plaats van zijn vorm te behouden tijdens het bakken. Maar zelfs als je dat doet, zal het nog steeds heerlijk smaken.

2 glazen melk

2 glazen water

1 kopje fijne granen

2 theelepels zout

4 eetlepels ongezouten boter

twee/3 kop vers geraspte Parmigiano-Reggiano

2 eierdooiers

1. Verwarm de melk en 1 kopje water in een middelgrote pan op middelhoog vuur tot het kookt. Meng de resterende 1 kopje water en de korrels. Giet het mengsel in de vloeistof. Voeg zout toe. Kook, onder voortdurend roeren, tot het mengsel aan de kook komt. Zet het vuur laag en kook, al roerend goed, gedurende 20 minuten of tot het mengsel erg dik is.

twee. Haal de pan van het vuur. Voeg 2 eetlepels boter en de helft van de kaas toe. Klop de eierdooiers snel los met een garde.

3. Bevochtig de bakplaat lichtjes. Giet de korrels op de bakplaat en verdeel ze met een metalen spatel tot een dikte van 1/2 inch. Laat afkoelen, dek af en zet in de koelkast gedurende een uur of maximaal 48 uur.

vier. Plaats het rek in het midden van de oven. Verwarm de oven voor op 400 ° F. Beboter een ovenschaal van 13x9x2 inch.

5. Doop een koekjes- of koekjesvormer met een diameter van 3,5 cm in koud water. Snijd de grutten in plakjes en plaats de stukken in de voorbereide ovenschaal, waarbij ze ze een beetje overlappend maken.

6. Smelt de resterende 2 eetlepels boter in een kleine pan en giet over de gnocchi. Bestrooi met de overgebleven kaas. Bak gedurende 20 tot 30 minuten of tot ze goudbruin en bruisend zijn. Laat 5 minuten afkoelen voordat u het serveert.

Dumplings uit Abruzzen

Polpette van Pane al Sugo

Recept voor 6 tot 8 porties

Toen ik de wijnmakerij Orlandi Contucci Ponno in Abruzzo bezocht, had ik het genoegen hun uitstekende wijnen te proeven, waaronder zowel witte wijnen uit Trebbiano d'Abruzzo als rode wijnen uit Montepulciano d'Abruzzo, evenals verschillende melanges. Zulke goede wijnen verdienen een goede maaltijd en onze lunch stelde niet teleur, vooral de gehaktballetjes met eieren, kaas en brood gestoofd in tomatensaus. Hoewel ik ze nog nooit eerder had geprobeerd, bleek uit een beetje onderzoek dat deze 'vleesloze gehaktballetjes' ook populair zijn in andere regio's van Italië, zoals Calabrië en Basilicata.

De kok in de kelder vertelde me dat ze gehaktballetjes maakte met weekdierenbrood, de binnenkant van het brood zonder korst. Ik maak ze met volkorenbrood. Omdat het Italiaanse brood dat ik hier koop niet zo hard is als Italiaans brood, geeft de korst extra textuur aan de dumplings.

Als je ze van tevoren wilt maken, houd de gehaktballetjes en de saus dan apart tot het serveren, zodat de gehaktballetjes niet te veel saus opnemen.

1 Italiaans of Frans brood van 12 ounce, gesneden in stukken van 1 inch (ongeveer 8 kopjes)

2 glazen koud water

3 grote eieren

1/2 kop geraspte Pecorino Romano, plus meer voor serveren

1 1/4 kop gehakte verse peterselie

1 teentje knoflook fijngehakt

Plantaardige olie om te frituren

Duiken

1 middelgrote ui, fijngehakt

1 1/2 kopje olijfolie

2 blikjes (28 ounces) geïmporteerde Italiaanse gepelde tomaten met sap, gehakt

1 kleine gedroogde peoncino, geplet of een snufje gemalen rode peper

Zout

6 blaadjes verse basilicum

1. Snij of breek het brood in kleine stukjes, of maal het brood tot grove kruimels in een keukenmachine. Week het brood gedurende 20 minuten in water. Knijp het brood uit om overtollig water te verwijderen.

twee. Klop in een grote kom de eieren, kaas, peterselie en knoflook door elkaar en breng op smaak met een snufje zout en peper. Voeg het verkruimelde brood toe en meng goed. Als het mengsel droog lijkt, voeg dan nog een ei toe. Goed mengen. Vorm van het mengsel balletjes ter grootte van een golfbal.

3. Giet voldoende olie in een grote, zware koekenpan tot een diepte van 2,5 cm. Verhit de olie op middelhoog vuur tot

een druppel van het broodmengsel sist als het aan de olie wordt toegevoegd.

vier. Voeg de gehaktballetjes toe aan de pan en bak ze aan alle kanten goudbruin, terwijl je ze voorzichtig draait, ongeveer 10 minuten. Laat de balletjes uitlekken op keukenpapier.

5. Om de saus te maken, fruit je de ui in de olijfolie in een grote pan op middelhoog vuur tot ze zacht is. Breng op smaak met tomaten, peboncino en zout. Kook op laag vuur gedurende 15 minuten of tot het iets dikker is.

6. Voeg de broodballetjes toe en giet de saus erover. Kook nog eens 15 minuten op laag vuur. Bestrooi met basilicum. Serveer met extra kaas.

Met ricotta gevulde pannenkoeken

Manicotti

Recept voor 6 tot 8 porties

Hoewel veel koks pastakokers gebruiken om manicotti te maken, is dit het Napolitaanse familierecept van mijn moeder, dat bestaat uit pannenkoeken. Kant-en-klare manicotti zijn veel lichter dan die gemaakt van pasta, en sommige koks vinden het gemakkelijker om manicotti van pannenkoeken te maken.

   3 kopjes<u>Napolitaanse ragout</u>

pannekoeken

1 bloem voor alle doeleinden

1 glas water

3 eieren

1 1/2 theelepel zout

plantaardige olie

Voedzaam

2 pond geheel of gedeeltelijk magere ricotta

4 ons verse mozzarella, gehakt of geraspt

1/ kopje vers geraspte Parmigiano-Reggiano

1 groot ei

2 eetlepels gehakte verse peterselie

versgemalen zwarte peper naar smaak

snufje zout

1/ kopje vers geraspte Parmigiano-Reggiano

1. Bereid de ragout voor. Roer vervolgens de ingrediënten voor de pannenkoek in een grote kom tot een gladde massa. Dek af en zet 30 minuten of langer in de koelkast.

twee. Verhit een koekenpan met anti-aanbaklaag van 15 cm of een omeletpan op middelhoog vuur. Vet de pan licht in met olie. Houd de pan met één hand vast en giet er ongeveer ½ kopje pannenkoekbeslag in. Til de pan onmiddellijk op en draai hem zodat de bodem volledig bedekt is met een dun laagje deeg. Laat overtollig deeg eraf druipen. Kook gedurende één minuut of tot de rand van de pannenkoek bruin is en uit de pan begint te rijzen. Draai de pannenkoek met je vingers om en bak de andere kant lichtbruin. Kook 30 seconden langer of tot het bruin is.

3.Leg de afgewerkte pannenkoek op een bord. Herhaal het proces door van het overgebleven beslag pannenkoeken te maken en ze op elkaar te stapelen.

vier. Om de vulling te maken, combineer alle ingrediënten in een grote kom tot ze goed gemengd zijn.

5.Verdeel een dunne laag saus in een ovenschaal van 13 x 9 x 2 inch. Om de pannenkoeken te vullen, brengt u ongeveer 1/4 kopje vulling aan op één kant van de pannenkoek. Rol de pannenkoek op en leg hem met de naad naar beneden in de ovenschaal. Ga verder met het vullen van de overige pannenkoeken, rol ze op en stapel ze op elkaar. Voeg extra saus toe met een lepel. Bestrooi met kaas.

6. Plaats het rek in het midden van de oven. Verwarm de oven voor op 350 ° F. Bak gedurende 30 tot 45 minuten, of tot de saus bruist en de manicotti zijn opgewarmd. Heet opdienen.

Timbale uit Abruzzo, pannenkoeken met champignons

Timballo di Scrippelle

Maakt 8 porties

Een vriendin wiens grootmoeder uit Teramo, Abruzzo, kwam, herinnerde zich de heerlijke champignon- en kaaspannenkoekjes die haar grootmoeder voor de feestdagen maakte. Hier is een versie van dit gerecht die ik heb aangepast uit het boek Slow Food Editore Ricette di Osterie d'Italia. Volgens het boek stammen pannenkoeken af van de uitgebreide crêpebereidingen die Franse chef-koks in de 17e eeuw in de regio introduceerden.

2½ kopjes <u>Toscaanse tomatensaus</u>

pannekoeken

5 grote eieren

½ kopjes water

1 theelepel zout

11/2 kopjes bloem voor alle doeleinden

Plantaardige olie om te frituren

Voedzaam

1 kopje gedroogde paddenstoelen

1 kopje warm water

1 1/4 kopje olijfolie

1 pond verse witte champignons, gespoeld en in dikke plakjes gesneden

1 teentje knoflook fijngehakt

2 eetlepels verse bladpeterselie

Zout en versgemalen zwarte peper

12 ons verse mozzarella, bijgesneden en in stukken van 1 inch gesneden

1 kop vers geraspte Parmigiano-Reggiano

1.Bereid de tomatensaus voor. Meng de ingrediënten voor de pannenkoek in een grote kom tot een gladde massa. Dek af en zet 30 minuten of langer in de koelkast.

twee. Verhit een koekenpan met anti-aanbaklaag van 15 cm of een omeletpan op middelhoog vuur. Vet de pan licht in met olie. Houd de pan met één hand vast en giet er ongeveer ½ kopje pannenkoekbeslag in. Til de pan onmiddellijk op en draai hem zodat de bodem volledig bedekt is met een dun laagje deeg. Laat overtollig deeg eraf druipen. Kook gedurende 1 minuut of tot de rand van de pannenkoek bruin is en uit de pan begint te rijzen. Draai de pannenkoek met je vingers om en bak de andere kant lichtbruin. Kook nog eens 30 seconden of tot een gevlekte bruine kleur verschijnt.

3.Leg de afgewerkte pannenkoek op een bord. Herhaal de bereiding van de pannenkoeken met het resterende beslag en stapel ze op elkaar.

vier. Om de vulling te maken, laat je de gedroogde paddenstoelen 30 minuten in water weken. Verwijder de champignons en vang de vloeistof op. Spoel de champignons af onder koud stromend water om eventueel vuil te verwijderen. Let vooral op de uiteinden van de stengels, waar vuil zich ophoopt. Snij de champignons in grote stukken. Zeef het champignonvocht door een papieren koffiefilter in een kom.

5. Verhit de olie in een grote koekenpan. Voeg champignons toe. Kook, onder regelmatig roeren, tot de champignons bruin zijn, 10 minuten. Breng op smaak met knoflook, peterselie en zout en peper. Kook tot de knoflook goudbruin is, nog ongeveer 2 minuten. Voeg gedroogde paddenstoelen en hun vloeistof toe. Kook gedurende 5 minuten of tot het grootste deel van de vloeistof is verdampt.

6. Plaats het rek in het midden van de oven. Verwarm de oven voor op 375 ° F. Giet een dunne laag tomatensaus in een ovenschaal van 13x9x2 inch. Leg een laag pannenkoeken neer, elkaar enigszins overlappend. Voeg vervolgens een laagje champignons, mozzarella, saus en kaas toe. Herhaal de lagen en eindig met pannenkoeken, saus en geraspte kaas.

7.Bak 45 tot 60 minuten of tot de saus bubbelt. Laat 10 minuten rusten alvorens te serveren. Snijd in vierkanten en serveer warm.

Ambachtelijke Toscaanse spaghetti met vleessaus

Pici al Ragu

Maakt 6 porties

In Toscane en delen van Umbrië zijn handgemaakte rubbernoedels populair, meestal gebakken met vleesragout. Pasta heet pici of pinci en komt van het woord appicciata, wat 'met de hand uitgestrekt' betekent.

Ik heb ze leren maken in Montefollonico in een restaurant genaamd La Chiusa, waar de chef-kok naar elke tafel komt en de gasten laat zien hoe ze ze moeten maken. Ze zijn heel gemakkelijk te bereiden, hoewel ze veel tijd kosten.

3 kopjes ongebleekte bloem voor alle doeleinden, plus meer voor het vormen van het deeg

Zout

1 eetlepel olijfolie

Ongeveer 1 kopje water

6 kopjes<u>Toscaanse vleessaus</u>

1⁄ kopje vers geraspte Parmigiano-Reggiano

1.Doe de bloem en 1/4 theelepel zout in een grote kom en roer om te combineren. Giet de olie in het midden. Begin met het mengen van het mengsel door langzaam water toe te voegen en stop wanneer het deeg samenkomt en een bal vormt. Leg het deeg op een licht met bloem bestoven oppervlak en kneed het tot het glad en elastisch is, ongeveer 10 minuten.

twee. Vorm het deeg tot een bal. Dek af met een omgekeerde kom en laat 30 minuten rusten.

3.Bestuif een grote bakplaat met bloem. Verdeel het deeg in vier delen. Werk altijd met een kwart van het deeg, bedek de rest en scheur kleine stukjes ter grootte van een hazelnoot.

vier. Gebruik uw handen om op een licht met bloem bestoven werkoppervlak elk stuk deeg in dunne reepjes van ongeveer 2,5 cm dik te drukken. Plaats de strengen op de voorbereide bakplaat met een beetje ruimte ertussen.

Herhaal met het resterende deeg. Laat de pasta ongeveer 1 uur onbedekt drogen.

5. Maak ondertussen de saus klaar. Breng vervolgens 4 liter water in een grote pan aan de kook. Voeg zout naar smaak toe. Voeg pici toe en kook tot het al dente, zacht maar nog steeds stevig is. Giet de pasta af en doe deze samen met de saus in een grote, voorverwarmde kom. Bestrooi met kaas en roer opnieuw. Heet opdienen.

Pici met knoflook en paneermeel

Drink er Le Briciole bij

Recept voor 4 tot 6 porties

Dit gerecht komt uit La Fattoria, een mooi restaurant aan het meer in de buurt van de Etruskische stad Chiusi.

>1 pond<u>Ambachtelijke Toscaanse spaghetti met vleessaus</u>, stappen 1 t/m 6

1 1/2 kopje olijfolie

4 grote teentjes knoflook

1 1/2 kop droge, fijne broodkruimels

1 1/2 kopje vers geraspte Pecorino Romano

1. Bereid de pasta voor. Verhit de olie op middelhoog vuur in een koekenpan die groot genoeg is om alle pasta in te bewaren. Pers de teentjes knoflook lichtjes en voeg ze toe aan de pan. Kook tot de knoflook goudbruin is, ongeveer 5 minuten. Laat haar niet blozen. Haal de knoflook uit de pan

en voeg het paneermeel toe. Kook, onder regelmatig roeren, tot de kruimels goudbruin zijn, ongeveer 5 minuten.

twee. Breng intussen minimaal 4 liter water aan de kook. Voeg pasta en 2 eetlepels zout toe. Goed mengen. Kook op hoog vuur, onder regelmatig roeren, tot de pasta al dente is, zacht maar stevig als je erin bijt. Giet de noedels af.

3.Voeg de pasta met het paneermeel toe aan de pan en meng goed op middelhoog vuur. Bestrooi met kaas en roer opnieuw. Serveer onmiddellijk.

Griesmeel pastadeeg

Maakt ongeveer 1 pond

In Zuid-Italië, vooral in Puglia, Calabrië en Basilicata, wordt harde tarwegriesmeel gebruikt voor het maken van verschillende soorten verse pasta. Eenmaal gekookt zijn deze pasta's rubberachtig en passen ze goed bij hartige vlees- en groentesauzen. Het deeg is erg stijf. Het kan met de hand worden gekneed, hoewel het een behoorlijk veeleisende oefening is. Ik gebruik graag een keukenmachine of een zware blender om het mengsel te bereiden en kneed het vervolgens kort met de hand om er zeker van te zijn dat de consistentie goed is.

1½ kopje fijn griesmeel

1 kop bloem voor alle doeleinden, plus extra om te bestuiven

1 theelepel zout

Ongeveer 2/3 kopje warm water

1. Combineer de droge ingrediënten in de kom van een zware keukenmachine of blender. Voeg geleidelijk water toe tot er een stevig, niet-plakkerig deeg ontstaat.

twee. Leg het deeg op een licht met bloem bestoven oppervlak. Kneed tot een gladde massa, ongeveer 2 minuten.

3. Dek het deeg af met een kom en laat het 30 minuten rusten. Bestuif twee grote bakplaten met bloem.

vier. Snijd het deeg in 8 stukken. Werk met één stuk tegelijk en bedek de andere stukken met een omgekeerde kom. Rol op een licht met bloem bestoven oppervlak een stuk deeg uit tot een lang touw van ongeveer 2,5 cm dik. Vorm het deeg tot een cavatelli of een rechiette zoals beschreven in de instructies<u>Cavatelli uit Ragu</u>Recept.

Cavatelli uit Ragu

Cavatelli uit Ragu

Recept voor 6 tot 8 porties

Winkels en catalogi die gespecialiseerd zijn in apparatuur voor het maken van pasta verkopen vaak een cavatella-machine. Het lijkt op een oude vleesmolen. Hij bevestigt het aan het aanrecht, steekt een stuk deeg in het ene uiteinde, draait aan de hendel en aan het andere uiteinde komt een goedgebakken cavatelli tevoorschijn. Dat maakt een portie van deze cake schaars, maar dat zou ik niet doen, tenzij ik veel cavatelli maak.

Werk bij het vormgeven van de cavatelli op een houten oppervlak of een ander ruw oppervlak. Het gestructureerde oppervlak houdt de stukken pastadeeg stevig vast, zodat ze met een mes kunnen worden getrokken in plaats van over een glad, glad aanrecht te glijden.

Ragout met worstOfSiciliaanse tomatensaus

1 pondGriesmeel pastadeegbereid in stap 4

Zout

1. Bereid de ragout of saus. Maak 2 bakplaten klaar, bestrooid met bloem.

twee. Snijd het deeg in stukjes van 1/2 inch. Houd een klein mes met een bot lemmet en een afgeronde punt vast en druk je wijsvinger tegen het lemmet. Maak elk stuk deeg plat door zachtjes te duwen en te trekken, zodat het deeg rond de punt van het mes krult en een korst vormt.

3. Verdeel de stukken in de voorbereide blikken. Herhaal met het resterende deeg. (Als u de cavatella een uur niet gaat gebruiken, plaatst u de borden in de vriezer. Als de stukken hard zijn, doet u ze in een plastic zak en sluit u ze goed af. Niet ontdooien voordat u ze gaat koken.)

vier. Breng vóór het koken vier liter koud water op hoog vuur aan de kook. Voeg cavatelli en 2 eetlepels zout toe. Kook, af en toe roerend, tot de noedels zacht maar nog steeds enigszins taai zijn.

5. Giet de cavatelli af en serveer warm in een kom. Meng met de saus. Heet opdienen.

Cavatelli met calamares en saffraan

Cavatelli van sugo di calamari

Maakt 6 porties

De licht taaie textuur van de inktvis vormt een aanvulling op de cavatella-kauwgom in dit moderne Siciliaanse recept. De gladde, fluweelzachte consistentie van de saus wordt bereikt door een mengsel van bloem en olijfolie; de mooie gele kleur komt van de saffraan.

1 theelepel saffraandraadjes

2 eetlepels warm water

1 middelgrote ui, fijngehakt

2 teentjes knoflook, heel fijn gesneden

5 eetlepels olijfolie

1 schoon pond <u>Calamares</u> (inktvis), in ringen van 2,5 cm gesneden.

1 1/2 kopje droge witte wijn

Zout en versgemalen zwarte peper

1 eetlepel bloem

1 pond verse of bevroren cavatella

1 1/4 kop gehakte verse peterselie

Extra vergine olijfolie

1.Plet de saffraan in warm water en bewaar.

twee. In een koekenpan die groot genoeg is voor alle pasta, bak je de ui en knoflook in 4 eetlepels olie op middelhoog vuur tot de ui lichtbruin is, ongeveer 10 minuten. Voeg de calamares toe en kook al roerend tot de calamares ondoorzichtig is, ongeveer 2 minuten. Breng op smaak met wijn, zout en peper. Breng aan de kook en kook gedurende 1 minuut.

3.Meng de resterende eetlepel olie met de bloem. Voeg het mengsel toe aan de inktvis. Aan de kook brengen. Voeg het saffraanmengsel toe en bak nog 5 minuten.

vier. Breng intussen minimaal 4 liter water aan de kook. Voeg pasta en 2 eetlepels zout toe. Goed mengen. Kook op hoog vuur, onder regelmatig roeren, tot de pasta gaar maar licht gaar is. Giet de pasta af, maar bewaar een deel van het kookvocht.

5.Meng de pasta in de pan met de inktvis. Voeg wat kookwater toe als het mengsel droog lijkt. Voeg peterselie toe en meng goed. Haal van het vuur en besprenkel met een beetje extra vergine olijfolie. Serveer onmiddellijk.

Cavatelli met rucola en tomaat

Cavatelli met Rughetta en Pomodori

Recept voor 4 tot 6 porties

Rucola is beter bekend als groene salade, maar wordt in Puglia vaak gekookt of, zoals in dit recept, op het laatste moment toegevoegd aan een warme soep- of pastaschotel, zodat hij slinkt. Ik hou van de pittige, nootachtige smaak die het geeft.

1 1/4 kopje olijfolie

2 teentjes knoflook gehakt

2 pond rijpe pruimtomaten, geschild, gezaaid en gehakt, of 1 blik (28 ounce) geïmporteerde Italiaanse tomaten zonder vel met sap

Zout en versgemalen zwarte peper

1 pond verse of bevroren cavatella

1/2 kopje geraspte ricottasalade of Pecorino Romano

1 grote bos rucola, schoongemaakt en in kleine stukjes gesneden (ongeveer 2 kopjes)

1. In een koekenpan die groot genoeg is om alle ingrediënten te bevatten, bak je de knoflook in olie op middelhoog vuur tot hij lichtbruin is, ongeveer 2 minuten. Voeg indien gewenst tomaten en zout en peper toe. Breng de saus aan de kook en kook tot hij ingedikt is, ongeveer 20 minuten.

twee. Kook minimaal 4 liter water. Voeg noedels en zout naar smaak toe. Goed mengen. Kook op hoog vuur, onder regelmatig roeren, tot de noedels gaar zijn. Giet de pasta af, maar bewaar een deel van het kookvocht.

3. Voeg de pasta met de helft van de kaas toe aan de tomatensaus. Voeg de rucola toe en meng goed. Voeg een beetje kookvocht toe als de pasta te droog lijkt. Bestrooi met de overgebleven kaas en serveer onmiddellijk.

Orecchiette met varkensragout

Orecchiette van Ragu di Maiale

Recept voor 6 tot 8 porties

Mijn vriendin Dora Marzovilla komt uit Rutigliano, vlakbij Bari. Ze is een expert in het maken van pasta en ik heb veel geleerd door naar haar te kijken. Dora heeft een speciaal houten pastabord dat alleen gebruikt wordt voor het maken van pasta. Terwijl Dora vele soorten verse pasta maakt, zoals gnocchi, cavatelli, ravioli en maloreddus, is haar specialiteit Sardijnse saffraan-orecchiette voor haar familierestaurant I Trulli in New York.

De bereiding van orecchiette lijkt sterk op de bereiding van cavatella. Het belangrijkste verschil is dat de pastakom een meer open koepelvorm heeft, zoiets als een omgekeerde frisbee of, in de Italiaanse verbeelding, kleine oortjes, vandaar de naam.

   1 recept<u>griesmeel</u>

   3 kopjes<u>Varkensragout met verse kruiden</u>

1 1/2 kopje vers geraspte Pecorino Romano

1. Bereid ragout en deeg voor. Maak 2 grote bakplaten klaar, bestrooid met bloem. Snijd het deeg in stukjes van 1/2 inch. Houd een klein mes met een bot lemmet en een afgeronde punt vast en druk je wijsvinger tegen het lemmet. Maak elk stuk deeg plat met de punt van een mes, druk licht aan en trek het deeg in een schijf. Rol elke schijf over het topje van je duim om een koepelvorm te vormen.

twee. Verdeel de stukken in de voorbereide blikken. Herhaal met het resterende deeg. (Als je de orecchiette niet binnen een uur gebruikt, plaats de stoofschotels dan in de vriezer. Als de stukjes hard zijn, doe ze dan in een plastic zak en sluit ze goed af. Niet ontdooien voordat je ze gaat koken.)

3. Kook minimaal 4 liter water. Voeg noedels en zout naar smaak toe. Goed mengen. Kook op hoog vuur, onder regelmatig roeren, tot de pasta al dente is, zacht maar stevig als je erin bijt. Giet de pasta af, maar bewaar een deel van het kookvocht.

vier. Voeg noedels toe aan de ragu. Voeg de kaas toe en meng goed. Als de saus te dik lijkt, voeg dan een beetje kookwater toe. Serveer onmiddellijk.

Orecchiette met rabebroccoli

Orecchiette van Cime di Zeeduivel

Recept voor 4 tot 6 porties

Het is bijna het officiële gerecht van Puglia en je zult het nergens anders vinden. Het vraagt om broccoli rabe, ook wel rapini genoemd, hoewel ook bieten, mosterdgroenten, boerenkool of gewone broccoli kunnen worden gebruikt. Broccoli Rabbe heeft lange stengels en bladeren en een aangenaam bittere smaak, hoewel het koken de bitterheid enigszins verzacht en tempert.

1 bos rabe-broccoli (ca. 4,5 kg), in stukjes van 2,5 cm gesneden

Zout

1/3 kop olijfolie

4 teentjes knoflook

8 ansjovisfilets

een snufje gemalen rode peper

1 pond verse orecchiette of cavatelli

1.Breng een grote pan water aan de kook. Voeg broccoli rabe en zout naar smaak toe. Kook de broccoli 5 minuten en laat uitlekken. Het moet nog steeds stevig zijn.

twee. Droog het glas. Verhit de knoflookolie op middelhoog vuur. Ansjovis en rode peper toevoegen. Wanneer de knoflook goudbruin kleurt, voeg je de broccoli rabe toe. Kook, goed roerend, om de broccoli met olie te bedekken, tot ze gaar zijn, ongeveer 5 minuten.

3.Kook minimaal 4 liter water. Voeg noedels en zout naar smaak toe. Goed mengen. Kook op hoog vuur, onder regelmatig roeren, tot de pasta al dente is, zacht maar stevig als je erin bijt. Giet de pasta af, maar bewaar een deel van het kookvocht.

vier. Voeg de pasta toe aan de broccoli rabe. Kook al roerend gedurende 1 minuut of tot de pasta goed gemengd is. Voeg indien nodig wat kookvocht toe.

Wijziging: Ansjovis verwijderen. Serveer de pasta bestrooid met gehakte geroosterde amandelen of geraspte Pecorino Romano.

Wijziging: Ansjovis verwijderen. Verwijder de darmen van de 2 Italiaanse worsten. Snijd het vlees fijn en bak het samen met knoflook, pepperoni en broccoli rabe. Serveer bestrooid met Pecorino Romano.

Orecchiette met bloemkool en tomaten

Orecchiette met Cavolfiore en Pomodori

Recept voor 4 tot 6 porties

Een familielid uit Sicilië heeft mij geleerd hoe je deze pasta maakt, maar in Puglia wordt hij ook gegeten. Indien nodig kunt u het paneermeel vervangen door geraspte kaas.

1/3 kopje plus 2 eetlepels olijfolie

1 teentje knoflook fijngehakt

3 pond pruimtomaten, geschild, gezaaid en gehakt, of 1 blik (28 ounce) geïmporteerde Italiaanse gepelde tomaten, met sap, gehakt

1 middelgrote bloemkool, schoongemaakt en in roosjes verdeeld

Zout en versgemalen zwarte peper

3 eetlepels droog broodkruim

2 ansjovis, in plakjes gesneden (optioneel)

1 pond verse orecchiette

1. In een koekenpan die groot genoeg is om alle ingrediënten te bevatten, bak je de knoflook in 1/3 kopje olijfolie op middelhoog vuur tot ze goudbruin zijn. Voeg indien gewenst tomaten en zout en peper toe. Breng aan de kook en kook gedurende 10 minuten.

twee. Bloemkool toevoegen. Dek af en kook, af en toe roerend, tot de bloemkool heel zacht is, ongeveer 25 minuten. Pureer de bloemkool lichtjes met de achterkant van een lepel.

3. Verhit de resterende 2 eetlepels olie in een kleine koekenpan op middelhoog vuur. Voeg eventueel paneermeel en ansjovis toe. Roerbak tot de kruimels bruin zijn en de olie is opgenomen.

vier. Kook minimaal 4 liter water. Voeg noedels en zout naar smaak toe. Kook, onder regelmatig roeren, tot de pasta al dente, zacht maar stevig is. Giet de pasta af, maar bewaar een deel van het kookvocht.

5. Meng pasta met tomatensaus en bloemkool. Voeg indien nodig wat kookvocht toe. Bestrooi met paneermeel en serveer onmiddellijk.

Orecchiette met worst en kool

Orecchiette met salsiccia en cavolo

Maakt 6 porties

Toen mijn vriendin Domenica Marzovilla terugkwam van een reis naar Toscane, beschreef ze mij deze pasta die ze bij een vriendin thuis had gegeten. Het klonk zo gemakkelijk en goed dat ik naar huis ging en het deed.

2 eetlepels olijfolie

8 ons zoete varkensworst

8 ons hete varkensworst

2 kopjes ingeblikte geïmporteerde Italiaanse tomaten, uitgelekt en gehakt

Zout

1 pond savooiekool (ongeveer 1/2 middelgrote kop)

1 pond verse orecchiette of cavatelli

1.Verhit de olie in een middelgrote koekenpan op middelhoog vuur. Voeg de worstjes toe en kook tot ze aan alle kanten bruin zijn, ongeveer 10 minuten.

twee. Voeg tomaten en een snufje zout toe. Breng aan de kook en kook tot de saus dikker wordt, ongeveer 30 minuten.

3.Snij het steeltje van de kool. Snijd de kool in dunne reepjes.

vier. Breng een grote pan water aan de kook. Voeg de kool toe en kook gedurende 1 minuut nadat het water weer aan de kook is gekomen. Schep de kool eruit met een schuimspaan. Goed laten uitlekken. Bespaar water om te koken.

5.Leg de worstjes op de snijplank en laat de saus in de pan staan. Voeg kool toe aan de saus; Laat 15 minuten koken. Snij de worst in dunne plakjes.

6.Breng het water opnieuw aan de kook en kook de pasta met zout naar smaak. Laat goed uitlekken en meng met worst en saus. Heet opdienen.

Orecchiette met zwaardvis

Orecchiette met Pesce Spada

Recept voor 4 tot 6 porties

Indien gewenst kan zwaardvis worden vervangen door tonijn of haai. Door de aubergine te zouten, wordt een deel van de bittere sappen verwijderd en wordt de textuur verbeterd, hoewel veel koks deze stap overbodig vinden. Ik voeg altijd zout toe, maar de keuze is aan jou. De aubergine kan een paar uur voor de pasta worden gekookt. Voor het serveren eenvoudigweg opwarmen op een bakplaat in een oven van 350 ° F gedurende ongeveer 10 minuten. Deze Siciliaanse pasta is ongebruikelijk in de Italiaanse keuken omdat de saus weliswaar vis bevat, maar op smaak is gebracht met kaas, waardoor hij sappig is.

1 grote of 2 kleine aubergines (ongeveer 1 1/2 pond)

Grof zout

Maïsolie of andere plantaardige olie om te frituren

3 eetlepels olijfolie

1 groot teentje knoflook, zeer fijngehakt

2 lente-uitjes, fijngehakt

8 ons zwaardvis of andere vlezige visfilet (ongeveer 1/2 inch dik), huid verwijderd, in stukjes van 1/2 inch gesneden

versgemalen zwarte peper naar smaak

2 eetlepels witte wijnazijn

2 kopjes gepelde, gezaaide en gehakte verse tomaten of ingeblikte geïmporteerde Italiaanse tomaten, gehakt, samen met sap

1 theelepel verse oreganoblaadjes, gehakt of een snufje gedroogde oregano

1 pond verse orecchiette of cavatelli

1/3 kop vers geraspte Pecorino Romano

1. Snij de aubergine in blokjes van 2,5 cm. Doe de stukken in een vergiet op een bord en bestrooi rijkelijk met zout. Laat

30 minuten tot 1 uur rusten. Spoel de stukjes aubergine kort af. Leg de stukken op keukenpapier en druk ze droog.

twee. Verhit ongeveer 1/2 inch olie in een grote, diepe koekenpan op middelhoog vuur. Om de olie te testen, plaats je er voorzichtig een klein stukje aubergine in. Als het sist en snel kookt, voeg dan voldoende aubergine toe om een laag te vormen. Vul de pot niet. Kook, af en toe roerend, tot de aubergine knapperig en goudbruin is, ongeveer 5 minuten. Verwijder de stukken met een schuimspaan. Laat goed uitlekken op keukenpapier. Herhaal het proces met de resterende aubergine. Zet het neer.

3.In een middelgrote koekenpan op middelhoog vuur bak je de olijfolie met de knoflook en lente-uitjes gedurende 30 seconden. Voeg de vis toe en bestrooi met zout en peper. Kook, af en toe roerend, tot de vis niet meer roze is, ongeveer 5 minuten. Voeg azijn toe en kook gedurende 1 minuut. Voeg tomaten en oregano toe. Breng aan de kook en kook gedurende 15 minuten of tot het iets dikker is.

vier. Breng ondertussen een grote pan koud water aan de kook. Breng op smaak met zout en roer erdoor. Kook, af en toe roerend, tot het al dente, zacht maar stevig is. Goed laten uitlekken.

5. Meng pasta, saus en aubergine in een grote, hete kom. Goed mengen. Voeg kaas toe. Heet opdienen.

Rijst, maïsmeel en andere granen

Van de vele granen die in Italië worden verbouwd en gebruikt, komen rijst en maïsmeel het meest voor. Farro, couscous en gerst zijn regionale delicatessen, net als tarwebessen.

Rijst werd voor het eerst vanuit het Midden-Oosten naar Italië gebracht. Het gedijt bijzonder goed in Noord-Italië, vooral in de regio's Piemonte en Emilia-Romagna.

Italiaanse chef-koks zijn erg kieskeurig over hun favoriete soort middelkorrelige rijst, hoewel de verschillen tussen de soorten subtiel kunnen zijn. Veel chef-koks definiëren één variëteit voor risotto met zeevruchten en een andere voor groenterisotto. Vaak gaat de voorkeur uit naar regionaal of simpelweg traditioneel, hoewel elk ras specifieke kenmerken heeft. Carnarolirijst behoudt zijn vorm goed en maakt de risotto iets romiger. Vialone Nano kookt sneller en heeft een mildere smaak. Arborio is het meest bekende en wijdverbreide gerecht, maar de smaak is minder subtiel. Het is het meest geschikt voor risotto met sterk gearomatiseerde ingrediënten. Elk van deze drie variaties kan worden gebruikt in de risottorecepten in dit boek.

Maïs is een relatief nieuw graan in Italië. Pas na de Europese verkenning van de Nieuwe Wereld bereikte maïs Spanje en verspreidde zich van daaruit over het hele continent. Maïs is gemakkelijk en goedkoop te kweken en werd daarom al snel op grote schaal verbouwd. De meeste worden gekweekt voor veevoer, maar maïsmeel, zowel wit als geel, wordt het meest gebruikt om polenta te maken. Maïskolven worden in Italië zelden gegeten, behalve in Napels, waar verkopers soms popcorn als straatvoedsel verkopen. De Romeinen voegden soms ingeblikte maïskorrels toe aan hun salades, maar dit is een exotische zeldzaamheid.

Farro- en tarwekorrels komen het meest voor in Midden- en Zuid-Italië, waar ze worden verbouwd. Farro, een eeuwenoude tarwesoort, wordt door Italianen als gezond voedsel beschouwd. Het is ideaal voor soepen, salades en andere conserven.

Gerst is een oud graan dat goed groeit in de koudere noordelijke streken. De Romeinen voedden hun legers met gerst en andere granen. Er werd pap of soep van gemaakt, de zogenaamde peulvrucht, waarschijnlijk de voorloper van polenta. Tegenwoordig wordt gerst vooral gevonden in het noordoosten van Italië, vlakbij Oostenrijk, waar het wordt gekookt als risotto of wordt toegevoegd aan soepen.

Couscous, gemaakt van durumtarwemeel en in kleine balletjes gerold, is typisch voor West-Sicilië en een overblijfsel van de Arabische overheersing in de regio eeuwen geleden. Het wordt meestal gekookt met zeevruchten of vleesbouillon.

RIJST

Rijst, geteeld in Noord-Italië in de regio's Piemonte en Emilia-Romagna, is een hoofdvoedsel dat vaak als aperitief wordt gegeten in plaats van pasta of soep. De klassieke manier om rijst te koken is als risotto, het is mijn idee van rijst gemaakt in de hemel!

Als je het nog nooit eerder hebt gemaakt, lijkt de risottotechniek misschien ongebruikelijk. In geen enkele andere cultuur wordt rijst zo bereid als bij de Italianen, al is de techniek vergelijkbaar met het maken van pilaf, waarbij de rijst wordt gebakken en vervolgens gekookt en het kookvocht wordt opgenomen. Het idee is om de rijst zo te koken dat het zetmeel vrijkomt en er een romige saus ontstaat. De afgewerkte rijst moet zacht, maar stevig en al dente aanvoelen. De bonen hebben de smaken van de overige ingrediënten opgenomen en zijn omgeven door een romige vloeistof. Voor het beste resultaat moet risotto onmiddellijk na het koken worden gegeten, anders kan hij droog en papperig worden.

Risotto smaakt het lekkerst als je hem zelf bereidt. Er zijn maar weinig restaurants die zoveel tijd kunnen besteden als nodig is aan het bereiden van risotto, ook al is het niet veel. In veel restaurantkeukens wordt de rijst zelfs gedeeltelijk voorgekookt en vervolgens gekoeld. Wanneer iemand een risotto bestelt, wordt de rijst verwarmd en wordt er een vloeistof met de nodige smaken aan toegevoegd om het kookproces te voltooien.

Als u de procedure eenmaal begrijpt, is het maken van risotto vrij eenvoudig en kan deze worden aangepast aan veel verschillende ingrediëntencombinaties. De eerste stap bij het maken van risotto is het kiezen van de juiste rijstsoort. De in de VS gebruikelijke langkorrelige rijst is niet geschikt voor het maken van risotto, omdat deze niet het juiste zetmeel bevat. Middelkorrelige rijst, meestal verkocht als Arborio-, Carnaroli- of Vialone Nano-variëteiten, bevat een soort zetmeel dat uit de granen vrijkomt wanneer het wordt gekookt en gemengd met bouillon of andere vloeistoffen. Het zetmeel bindt zich aan de vloeistof en wordt romig.

Middelkorrelige rijst geïmporteerd uit Italië is overal verkrijgbaar in supermarkten. Hij wordt ook in de Verenigde Staten geteeld en is nu gemakkelijk te vinden.

Verder heb je goede kip-, vlees-, vis- of groentebouillon nodig. Zelfgemaakt heeft de voorkeur, maar bouillon uit blik (of doos) kan ook worden gebruikt. Ik vind in de winkel gekochte bouillon te sterk om rechtstreeks uit de verpakking te gebruiken en verdun deze vaak met water. Houd er rekening mee dat verpakte bouillon veel zout bevat, tenzij u een natriumarme variant gebruikt. Pas daarom de zouttoevoeging hierop aan. Bouillonblokjes zijn erg zout en kunstmatig gearomatiseerd, dus ik gebruik ze niet.

witte risotto

Witte risotto

Maakt 4 porties

Deze eenvoudige witte risotto is net zo eenvoudig en bevredigend als vanille-ijs. Serveer als aperitief of als bijgerecht bij gegrild vlees. Als je een verse truffel hebt, rasp deze dan over de afgewerkte risotto om een luxe tintje te geven. In dit geval moet u de kaas verwijderen.

4 kopjes <u>Vleessoep</u> Of <u>kippen bouillon</u>

4 eetlepels ongezouten boter

1 eetlepel olijfolie

1/4 kopje gehakte sjalotten of uien

1½ kopje middelgrote rijst zoals Arborio, Carnaroli of Vialone Nano

1 1/2 kopje droge witte wijn of mousserende wijn

Zout en versgemalen zwarte peper

1/ kopje vers geraspte Parmigiano-Reggiano

1. Bereid indien nodig bouillon. Breng de bouillon op middelhoog vuur aan de kook en zet het vuur lager om de bouillon warm te houden. Smelt 3 eetlepels boter en olie in een brede, zware pan op middelhoog vuur. Voeg de sjalotjes toe en kook tot ze zacht maar niet bruin zijn, ongeveer 5 minuten.

twee. Voeg de rijst toe en roer met een houten lepel tot hij heet is, ongeveer 2 minuten. Voeg de wijn toe en kook al roerend tot het grootste deel van de vloeistof is verdampt.

3. Giet 1/2 kopje bouillon over de rijst. Kook al roerend tot het grootste deel van de vloeistof is opgenomen. Ga door met het toevoegen van bouillon, ongeveer een halve kop per keer, en roer na elke toevoeging. Pas het vuur zo aan dat de vloeistof snel kookt, maar de rijst niet aan de pan blijft plakken. Breng halverwege de kooktijd op smaak met peper en zout.

vier. Gebruik slechts voldoende bouillon tot de rijst zacht maar stevig is en de risotto romig is. Als je je er klaar voor voelt, probeer dan de bonen. Als u nog niet klaar bent, probeert u de test over ongeveer een minuut opnieuw. Als de bouillon op is voordat de rijst gaar is, gebruik dan heet water. De kooktijd bedraagt 18 tot 20 minuten.

5. Haal de risottopan van het vuur. Roer de resterende eetlepel boter en kaas erdoor tot het gesmolten en romig is. Serveer onmiddellijk.

Milanese saffraanrisotto

Risotto Alla Milanese

Recept voor 4 tot 6 porties

*Gouden saffraanrisotto is een klassiek Milanees bijgerecht voor osso buco (zie*Kalfsbout Milanese stijl*). Het toevoegen van merg van grote runderbotten aan de risotto geeft het een rijke, vlezige smaak en is traditioneel, maar een risotto kan ook zonder worden gemaakt.*

   6 kopjeskippen bouillonOfVleessoep

1/2 theelepel gemalen saffraandraadjes

4 eetlepels ongezouten boter

2 eetlepels runderpulp (optioneel)

2 eetlepels olijfolie

1 kleine ui, zeer fijn gesneden

2 kopjes (ongeveer 1 pond) middelgrote rijst zoals Arborio, Carnaroli of Vialone Nano

Zout en versgemalen zwarte peper

1/ kopje vers geraspte Parmigiano-Reggiano

1. Bereid indien nodig bouillon. Breng de bouillon op middelhoog vuur aan de kook en zet het vuur lager om de bouillon warm te houden. Verwijder 1/2 kopje bouillon en doe het in een kleine kom. Voeg de saffraan toe en laat even staan.

twee. Verhit in een brede, zware pan 2 eetlepels boter, eventueel beenmerg en olie op middelhoog vuur. Wanneer de boter smelt, voeg je de ui toe en roerbak tot hij goudbruin is, ongeveer 10 minuten.

3. Voeg de rijst toe en kook, al roerend met een houten lepel, tot hij heet is, ongeveer 2 minuten. Voeg 1/2 kopje hete bouillon toe en roer tot de vloeistof is opgenomen. Ga door met het toevoegen van bouillon, 1/2 kop per keer, en roer na elke toevoeging. Pas het vuur zo aan dat de vloeistof snel kookt, maar de rijst niet aan de pan blijft plakken. Voeg halverwege het koken het saffraanmengsel toe en breng op smaak met peper en zout.

vier. Gebruik slechts zoveel bouillon als je nodig hebt, totdat de rijst gaar maar moeilijk te kauwen is. Als je je er klaar voor voelt, probeer dan de bonen. Als u nog niet klaar bent, probeert u de test over ongeveer een minuut opnieuw. Als de bouillon op is voordat de rijst klaar is, gebruik dan heet water. De kooktijd bedraagt 18 tot 20 minuten.

5. Haal de risottopan van het vuur en voeg de resterende 2 eetlepels boter en kaas toe tot ze gesmolten en romig zijn. Serveer onmiddellijk.

Risotto met Asperges

Risotto met Asperges

Maakt 6 porties

De regio Veneto staat bekend om zijn prachtige witte asperges met lavendelpuntjes. Voor een delicate kleur wordt de asperge tijdens de groei afgedekt, zodat deze niet wordt blootgesteld aan zonlicht en geen chlorofyl aanmaakt. Witte asperges hebben een delicate smaak en zijn malser dan de groene variant. Witte asperges passen perfect bij deze risotto, maar je kunt hem ook maken met de gewone groene variant en de smaak blijft heerlijk.

5 kopjes <u>kippen bouillon</u>

1 pond verse asperges, gehakt

4 eetlepels ongezouten boter

1 kleine ui fijngesneden

2 kopjes middelgrote rijst zoals Arborio, Carnaroli of Vialone Nano

¹1/2 kopje droge witte wijn

Zout en versgemalen zwarte peper

3⁄4 kopje vers geraspte Parmigiano-Reggiano

1. Bereid indien nodig bouillon. Breng de bouillon op middelhoog vuur aan de kook en zet het vuur lager om de bouillon warm te houden. Snijd de uiteinden van de asperges af en zet opzij. Snijd de stengels in plakjes van 1/2 inch.

twee. Smelt 3 eetlepels boter in een brede, zware pan. Voeg de uien toe en kook op middelhoog vuur, af en toe roerend, tot ze zacht en goudbruin zijn, ongeveer 10 minuten.

3. Asperges toevoegen. Kook gedurende 5 minuten, af en toe roerend.

vier. Voeg de rijst toe en kook, al roerend met een houten lepel, tot hij heet is, ongeveer 2 minuten. Voeg de wijn toe en kook, onder voortdurend roeren, tot de vloeistof is verdampt. Giet 1/2 kopje bouillon over de rijst. Kook al roerend tot het grootste deel van de vloeistof is opgenomen.

5. Ga door met het toevoegen van bouillon, ongeveer een halve kop per keer, en roer na elke toevoeging. Pas het vuur zo aan dat de vloeistof snel kookt, maar de rijst niet aan de pan blijft plakken. Voeg na ongeveer 10 minuten de aspergekoppen toe. Breng op smaak met zout en peper. Gebruik slechts voldoende bouillon tot de rijst zacht maar stevig is en de risotto romig is. Als je je er klaar voor voelt, probeer dan de bonen. Als u nog niet klaar bent, probeert u de test over ongeveer een minuut opnieuw. Als de bouillon op is voordat de rijst klaar is, gebruik dan heet water. De kooktijd bedraagt 18 tot 20 minuten.

6. Haal de risottopan van het vuur. Voeg de kaas en de resterende eetlepel boter toe. Proef de kruiden. Serveer onmiddellijk.

Risotto met rode paprika

Risotto met pepperoni Rossi

Maakt 6 porties

Op het hoogtepunt van het seizoen, wanneer felrode paprika's in de aanbieding zijn in de supermarkt, word ik geïnspireerd om ze op zoveel manieren te gebruiken. De zoete, milde smaak en mooie kleur zorgen ervoor dat alles, van tortilla's tot pasta, soepen, salades en stoofschotels, lekkerder smaakt. Dit is geen traditioneel recept, maar het kwam in mijn gedachten op een dag toen ik op zoek was naar een nieuwe manier om rode paprika's te gebruiken. Gele of oranje paprika's doen het ook goed in dit recept.

    5 kopjes<u>kippen bouillon</u>

3 eetlepels ongezouten boter

1 eetlepel olijfolie

1 kleine ui fijngesneden

2 rode paprika's, ontpit en fijngehakt

2 kopjes middelgrote rijst zoals Arborio, Carnaroli of Vialone Nano

Zout en versgemalen zwarte peper

1/ kopje vers geraspte Parmigiano-Reggiano

1. Bereid indien nodig bouillon. Breng de bouillon op middelhoog vuur aan de kook en zet het vuur lager om de bouillon warm te houden. Verhit 2 eetlepels boter en olie in een brede, zware pan op middelhoog vuur. Wanneer de boter smelt, voeg je de ui toe en roerbak tot hij goudbruin is, ongeveer 10 minuten. Voeg de peper toe en bak nog 10 minuten.

twee. Voeg de rijst toe en roer met een houten lepel tot hij heet is, ongeveer 2 minuten. Voeg 1/2 kopje hete bouillon toe en roer tot de vloeistof is opgenomen. Ga door met het toevoegen van bouillon, 1/2 kop per keer, en roer na elke toevoeging. Pas het vuur zo aan dat de vloeistof snel kookt, maar de rijst niet aan de pan blijft plakken. Breng halverwege de kooktijd op smaak met peper en zout.

3.Gebruik slechts voldoende bouillon tot de rijst zacht maar stevig is en de risotto romig is. Als je je er klaar voor voelt, probeer dan de bonen. Als u nog niet klaar bent, probeert u de test over ongeveer een minuut opnieuw. Als de vloeistof opraakt voordat de rijst klaar is, kook deze dan met heet water. De kooktijd bedraagt 18 tot 20 minuten.

vier. Haal de risottopan van het vuur. Voeg de resterende eetlepel boter en kaas toe tot het gesmolten en romig is. Probeer kruiden. Serveer onmiddellijk.

Risotto met tomaten en rucola

Risotto met pomodori en rucola

Maakt 6 porties

Verse tomaten, basilicum en rucola maken deze risotto tot het ultieme zomergerecht. Ik serveer het graag met een gekoelde witte wijn, zoals Furore de Campania van producent Matilde Cuomo.

5 kopjes<u>kippen bouillon</u>

1 grote bos rucola, schoongemaakt en afgespoeld

3 eetlepels olijfolie

1 kleine ui fijngesneden

2 pond rijpe pruimtomaten, geschild, zonder zaadjes en in stukjes gesneden

2 kopjes middelgrote rijst zoals Arborio, Carnaroli of Vialone Nano

Zout en versgemalen zwarte peper

1/ kopje vers geraspte Parmigiano-Reggiano

2 eetlepels gehakte verse basilicum

1 el extra vergine olijfolie

1. Bereid indien nodig bouillon. Breng de bouillon op middelhoog vuur aan de kook en zet het vuur lager om de bouillon warm te houden. Snij de rucolablaadjes in kleine stukjes. Je zou ongeveer 2 kopjes moeten hebben.

twee. Giet de olie in een brede, zware pan. Voeg de uien toe en kook op middelhoog vuur, af en toe roerend met een houten lepel, tot de uien heel zacht en goudbruin zijn, ongeveer 10 minuten.

3. Tomaten toevoegen. Kook, af en toe roerend, tot het grootste deel van het sap is verdampt, ongeveer 10 minuten.

vier. Voeg de rijst toe en kook, al roerend met een houten lepel, tot hij heet is, ongeveer 2 minuten. Giet 1/2 kopje bouillon over de rijst. Kook en roer tot het grootste deel van de vloeistof is opgenomen.

5. Ga door met het toevoegen van bouillon, ongeveer een halve kop per keer, en roer na elke toevoeging. Pas het vuur zo aan dat de vloeistof snel kookt, maar de rijst niet aan de pan blijft plakken. Breng halverwege de kooktijd op smaak met peper en zout. Gebruik slechts voldoende bouillon tot de rijst zacht maar stevig is en de risotto romig is. Als je je er klaar voor voelt, probeer dan de bonen. Als u nog niet klaar bent, probeert u de test over ongeveer een minuut opnieuw. Als de bouillon op is voordat de rijst klaar is, gebruik dan heet water. De kooktijd bedraagt 18 tot 20 minuten.

6. Haal de risottopan van het vuur. Voeg kaas, basilicum en een eetlepel extra vergine olijfolie toe. Proef de kruiden. Voeg rucola toe en serveer onmiddellijk.

Risotto met rode wijn en radicchio

Radicchio-risotto

Maakt 6 porties

Radicchio, lid van de cichoreifamilie, wordt geteeld in Veneto. Net als de andijvie waaraan het verwant is, heeft radicchio een licht bittere maar zoete smaak. Hoewel we het vooral zien als een kleurrijke toevoeging aan een slakom, bereiden Italianen radicchio vaak. Het kan in vieren worden gesneden en gegrild, of de bladeren kunnen om de vulling worden gewikkeld en als aperitief worden gebakken. De intens rode kleur van de wijn verandert tijdens het koken naar donker mahoniebruin. Deze risotto at ik bij Il Cenacolo, een restaurant in Verona dat traditionele recepten serveert.

5 kopjes<u>kippen bouillon</u>Of<u>Vleessoep</u>

1 middelgrote radicchio (ongeveer 12 ons)

2 eetlepels olijfolie

2 eetlepels ongezouten boter

1 kleine ui fijngesneden

1 1/2 kopje droge rode wijn

2 kopjes middelgrote rijst zoals Arborio, Carnaroli of Vialone Nano

Zout en versgemalen zwarte peper

1/ kopje vers geraspte Parmigiano-Reggiano

1. Bereid indien nodig bouillon. Breng de bouillon op middelhoog vuur aan de kook en zet het vuur lager om de bouillon warm te houden. Maak de radicchio schoon en snijd deze in plakjes van ca. 2,5 cm dik. Snijd de plakjes in stukjes van 1 inch.

twee. Verhit de olie in een brede, zware pan met 1 eetlepel boter op middelhoog vuur. Zodra de boter is gesmolten, voeg je de ui toe en kook je, af en toe roerend, tot de ui heel zacht is, ongeveer 10 minuten.

3. Verhoog het vuur tot medium, voeg de radicchio toe en kook tot ze gaar zijn, ongeveer 10 minuten.

vier. Rijst toevoegen. Voeg de wijn toe en kook al roerend tot het grootste deel van de vloeistof is opgenomen. Giet 1/2 kopje bouillon over de rijst. Kook en roer tot het grootste deel van de vloeistof is opgenomen.

5. Ga door met het toevoegen van bouillon, ongeveer een halve kop per keer, en roer na elke toevoeging. Pas het vuur zo aan dat de vloeistof snel kookt, maar de rijst niet aan de pan blijft plakken. Breng halverwege de kooktijd op smaak met peper en zout. Gebruik slechts voldoende bouillon tot de rijst zacht maar stevig is en de risotto romig is. Als je je er klaar voor voelt, probeer dan de bonen. Als u nog niet klaar bent, probeert u de test over ongeveer een minuut opnieuw. Als de bouillon op is voordat de rijst klaar is, gebruik dan heet water. De kooktijd bedraagt 18 tot 20 minuten.

6. Haal de pan van het vuur en voeg de resterende eetlepel boter en kaas toe. Proef de kruiden. Serveer onmiddellijk.

Risotto met romige bloemkool

Risotto al Cavolfiore

Maakt 6 porties

In Parma heb je misschien geen voor- of hoofdgerecht, maar een risotto of pasta wil je zeker niet missen. Ze zijn altijd ongelooflijk goed. Dit is mijn versie van de risotto die ik een paar jaar geleden at bij La Filoma, een uitstekende trattoria.

De eerste keer dat ik deze risotto maakte, had ik een tube witte truffelpasta bij de hand en voegde er tegen het einde van het koken wat aan toe. De smaak was sensationeel. Als je truffelpasta vindt, probeer het dan eens.

4 kopjes <u>kippen bouillon</u>

4 kopjes bloemkool, in roosjes van 1/2 inch gesneden

1 teentje knoflook fijngehakt

1½ kopjes melk

Zout

4 eetlepels ongezouten boter

1 1/4 kop fijngehakte ui

2 kopjes middelgrote rijst zoals Arborio, Carnaroli of Vialone Nano

vers gemalen zwarte peper

3/4 kopje vers geraspte Parmigiano-Reggiano

1.Bereid indien nodig bouillon. Breng de bouillon op middelhoog vuur aan de kook en zet het vuur lager om de bouillon warm te houden. Meng bloemkool, knoflook, melk en een snufje zout in een middelgrote pan. Aan de kook brengen. Kook tot het grootste deel van de vloeistof is verdampt en de bloemkool gaar is, ongeveer 10 minuten. Houd het vuur heel laag en roer het mengsel af en toe om te voorkomen dat het aanbrandt.

twee.Verhit de olie in een brede, zware pan met 2 eetlepels boter op middelhoog vuur. Zodra de boter is gesmolten, voeg je de ui toe en kook je, af en toe roerend, tot de ui heel zacht en goudbruin is, ongeveer 10 minuten.

3.Voeg de rijst toe en kook, al roerend met een houten lepel, tot hij heet is, ongeveer 2 minuten. Giet ongeveer een half kopje bouillon erbij. Kook en roer tot het grootste deel van de vloeistof is opgenomen.

vier. Voeg bouillon toe, 1/2 kopje per keer, onder voortdurend roeren tot het is opgenomen. Pas het vuur zo aan dat de vloeistof snel kookt, maar de rijst niet aan de pan blijft plakken. Breng halverwege de kooktijd op smaak met peper en zout.

5.Als de rijst bijna gaar is, voeg je het bloemkoolmengsel toe. Gebruik slechts voldoende bouillon tot de rijst zacht maar stevig is en de risotto romig is. Als je je er klaar voor voelt, probeer dan de bonen. Als u nog niet klaar bent, probeert u de test over ongeveer een minuut opnieuw. Als de bouillon op is voordat de rijst klaar is, gebruik dan heet water. De kooktijd bedraagt 18 tot 20 minuten.

6.Haal de pan van het vuur en breng op smaak. Voeg de resterende 2 eetlepels boter en kaas toe. Serveer onmiddellijk.

Citroenrisotto

Citroenrisotto

Maakt 6 porties

De levendige smaak van verse citroenschil en sap geeft een speciaal tintje aan deze risotto die ik in Capri had. Hoewel Italianen het niet vaak maken, serveer ik het graag als bijgerecht bij geschroeide Sint-Jakobsschelpen of gegrilde vis.

5 kopjes<u>kippen bouillon</u>

4 eetlepels ongezouten boter

1 kleine ui fijngesneden

2 kopjes middelgrote rijst zoals Arborio, Carnaroli of Vialone Nano

Zout en versgemalen zwarte peper

1 eetlepel vers citroensap

1 theelepel citroenschil

1/ kopje vers geraspte Parmigiano-Reggiano

1. Bereid indien nodig bouillon. Breng de bouillon op middelhoog vuur aan de kook en zet het vuur lager om de bouillon warm te houden. Smelt 2 eetlepels boter in een brede, zware pan op middelhoog vuur. Voeg de ui toe en roerbak tot hij goudbruin is, ongeveer 10 minuten.

twee. Voeg de rijst toe en roer met een houten lepel tot hij heet is, ongeveer 2 minuten. Voeg 1/2 kopje hete bouillon toe en roer tot de vloeistof is opgenomen.

3. Ga door met het toevoegen van bouillon, 1/2 kop per keer, en roer na elke toevoeging. Pas het vuur zo aan dat de vloeistof snel kookt, maar de rijst niet aan de pan blijft plakken. Breng halverwege de kooktijd op smaak met peper en zout.

vier. Gebruik slechts voldoende bouillon tot de rijst zacht maar stevig is en de risotto romig is. Als je je er klaar voor voelt, probeer dan de bonen. Als u nog niet klaar bent, probeert u de test over ongeveer een minuut opnieuw. Als de bouillon op is voordat de rijst gaar is, gebruik dan heet water. De kooktijd bedraagt 18 tot 20 minuten.

5. Haal de risottopan van het vuur. Voeg het citroensap en de schil toe en de resterende 2 eetlepels boter en kaas. Roer tot de boter en kaas gesmolten en romig zijn. Proef de kruiden. Serveer onmiddellijk.

spinazierisotto

spinazierisotto

Maakt 6 porties

Als je wat verse basilicum hebt, voeg dat dan toe in plaats van de peterselie. In plaats van spinazie kun je ook andere groenten gebruiken, zoals snijbiet of andijvie.

   5 kopjes<u>kippen bouillon</u>

1 pond verse spinazie, gewassen en ontsteeld

1 1/4 kopje water

Zout

4 eetlepels ongezouten boter

1 middelgrote ui, fijngehakt

2 kopjes (ongeveer 1 pond) middelgrote rijst zoals Arborio, Carnaroli of Vialone Nano

vers gemalen zwarte peper

¹1/4 kop gehakte verse peterselie

1/ kopje vers geraspte Parmigiano-Reggiano

1. Bereid indien nodig bouillon. Breng de bouillon op middelhoog vuur aan de kook en zet het vuur lager om de bouillon warm te houden. Meng spinazie, water en zout naar smaak in een grote pan. Dek af en breng aan de kook. Kook tot de spinazie gaar is, ongeveer 3 minuten. Giet de spinazie af en knijp voorzichtig uit, zodat het sap vrijkomt. Snij de spinazie fijn.

twee. Verhit 3 eetlepels boter in een brede, zware pan op middelhoog vuur. Wanneer de boter smelt, voeg je de ui toe en roerbak tot hij goudbruin is, ongeveer 10 minuten.

3. Voeg de rijst toe aan de uien en kook, al roerend met een houten lepel, tot het heet is, ongeveer 2 minuten. Voeg 1/2 kopje hete bouillon toe en roer tot de vloeistof is opgenomen. Ga door met het toevoegen van bouillon, 1/2 kop per keer, en roer na elke toevoeging. Pas het vuur zo aan dat de vloeistof snel kookt, maar de rijst niet aan de

pan blijft plakken. Voeg halverwege het koken de spinazie en zout en peper naar smaak toe.

vier. Gebruik slechts voldoende bouillon tot de rijst zacht maar stevig is en de risotto romig is. Als je je er klaar voor voelt, probeer dan de bonen. Als u nog niet klaar bent, probeert u de test over ongeveer een minuut opnieuw. Als de bouillon op is voordat de rijst gaar is, gebruik dan heet water. De kooktijd bedraagt 18 tot 20 minuten.

5.Haal de risottopan van het vuur. Voeg de resterende boter en kaas toe. Serveer onmiddellijk.

gouden pompoenrisotto

Risotto met Zucca d'Oro

Recept voor 4 tot 6 porties

Op Italiaanse groentemarkten kunnen chef-koks grote stukken pompoen kopen om risotto van te maken. Pompoen lijkt meer op de zoete smaak en boterachtige textuur van de Italiaanse variëteiten. Deze risotto is een specialiteit uit Mantua in Lombardije.

5 kopjes<u>kippen bouillon</u>

4 eetlepels ongezouten boter

1/4 kopje fijngehakte sjalotten of uien

2 kopjes geschilde en gehakte pompoen (ongeveer 1 pond)

2 kopjes middelgrote rijst zoals Arborio, Carnaroli of Vialone Nano

1 1/2 kopje droge witte wijn

Zout en versgemalen zwarte peper

1/ kopje vers geraspte Parmigiano-Reggiano

1. Bereid indien nodig bouillon. Breng de bouillon op middelhoog vuur aan de kook en zet het vuur lager om de bouillon warm te houden. Smelt in een brede, zware pan drie eetlepels boter op middelhoog vuur. Voeg de sjalotten toe en kook, onder regelmatig roeren, tot ze goudbruin zijn, ongeveer 5 minuten.

twee. Voeg de pompoen en 1/2 kopje bouillon toe. Kook tot de bouillon is verdampt.

3. Voeg de rijst toe en kook, al roerend met een houten lepel, tot hij heet is, ongeveer 2 minuten. Voeg wijn toe totdat deze verdampt.

vier. Voeg 1/2 kopje hete bouillon toe en roer tot de vloeistof is opgenomen. Ga door met het toevoegen van bouillon, 1/2 kop per keer, en roer na elke toevoeging. Pas het vuur zo aan dat de vloeistof snel kookt, maar de rijst niet aan de pan blijft plakken. Breng halverwege de kooktijd op smaak met peper en zout.

5. Gebruik slechts voldoende bouillon tot de rijst zacht maar stevig is en de risotto romig is. Als je je er klaar voor voelt, probeer dan de bonen. Als u nog niet klaar bent, probeert u de test over ongeveer een minuut opnieuw. Als de bouillon op is voordat de rijst gaar is, gebruik dan heet water. De kooktijd bedraagt 18 tot 20 minuten.

6. Haal de risottopan van het vuur. Voeg de resterende boter en kaas toe. Serveer onmiddellijk.

Venetiaanse risotto met erwten

Risi E Bisi

Maakt 6 porties

In Venetië wordt deze risotto gegeten om het begin van de lente en de eerste verse groenten van het seizoen te vieren. Venetianen geven de voorkeur aan vrij dikke risotto. Voeg dus een extra eetlepel bouillon of water toe aan de afgewerkte risotto als je waarde hecht aan authenticiteit.

6 kopjes<u>kippen bouillon</u>

1 middelgrote gele ui, fijngehakt

4 eetlepels olijfolie

2 kopjes middelgrote rijst zoals Arborio, Carnaroli of Vialone Nano

Zout en versgemalen zwarte peper

2 kopjes groene erwten of bevroren erwten, gedeeltelijk ontdooid

2 eetl fijngehakte peterselie

1/ kopje vers geraspte Parmigiano-Reggiano

2 eetlepels ongezouten boter

1. Bereid indien nodig bouillon. Breng de bouillon op middelhoog vuur aan de kook en zet het vuur lager om de bouillon warm te houden. Giet de olie in een brede, zware pan. Voeg de ui toe en kook op middelhoog vuur tot de ui zacht en goudbruin is, ongeveer 10 minuten.

twee. Voeg de rijst toe en kook, al roerend met een houten lepel, tot hij heet is, ongeveer 2 minuten. Voeg ongeveer 1/2 kopje hete bouillon toe en roer tot het is opgenomen. Ga door met het toevoegen van bouillon, 1/2 kop per keer, en roer na elke toevoeging. Pas het vuur zo aan dat de vloeistof snel kookt, maar de rijst niet aan de pan blijft plakken. Breng halverwege de kooktijd op smaak met peper en zout.

3. Voeg erwten en peterselie toe. Ga door met het toevoegen van vloeistof en mengen. De rijst moet zacht maar stevig zijn als er op wordt gekauwd en de risotto moet een losse,

enigszins dikke consistentie hebben. Als de voorraad op is, gebruik dan heet water. De kooktijd bedraagt 18 tot 20 minuten.

vier. Als de rijst zacht maar nog stevig is, haal je de pan van het vuur. Voeg kaas en boter toe en meng goed. Serveer onmiddellijk.

Lenterisotto

Lenterisotto

Recept voor 4 tot 6 porties

Kleine kleurrijke stukjes groenten sieren deze frisse en pittige risotto. Groenten worden geleidelijk toegevoegd, zodat ze niet te lang koken.

6 kopjes groentebouillon of water

3 eetlepels ongezouten boter

1 eetlepel olijfolie

1 middelgrote ui, fijngehakt

1 kleine wortel, in stukjes gesneden

1 kleine bleekselderij, fijngehakt

2 kopjes middelgrote rijst zoals Arborio, Carnaroli of Vialone Nano

1 1/2 kopje verse of bevroren erwten

1 kopje per gesneden champignons

6 asperges, schoongemaakt en in stukjes van 2,5 cm gesneden

Zout en versgemalen zwarte peper

1 grote tomaat, zonder zaadjes en in blokjes gesneden

2 eetlepels fijngehakte verse bladpeterselie

1/ kopje vers geraspte Parmigiano-Reggiano

1. Bereid indien nodig bouillon. Breng de bouillon op middelhoog vuur aan de kook en zet het vuur lager om de bouillon warm te houden. Meng in een brede, zware pan 2 eetlepels boter en olie op middelhoog vuur. Wanneer de boter smelt, voeg je de ui toe en bak deze goudbruin, ongeveer 10 minuten.

twee. Voeg wortels en selderij toe en kook gedurende 2 minuten. Roer tot de rijst goed bedekt is.

3. Voeg 1/2 kopje bouillon toe en kook, onder voortdurend roeren met een houten lepel, tot de vloeistof is opgenomen. Ga door met het toevoegen van bouillon, 1/2 kopje per

keer, en roer gedurende 10 minuten na elke toevoeging. Pas het vuur zo aan dat de vloeistof snel kookt, maar de rijst niet aan de pan blijft plakken.

vier. Voeg erwten, champignons en de helft van de asperges toe. Breng op smaak met zout en peper. Blijf de bouillon toevoegen en roer nog eens 10 minuten. Voeg de overige asperges en tomaten toe. Voeg de bouillon toe en roer tot de rijst stevig maar al dente is en de risotto romig is. Als je je er klaar voor voelt, probeer dan de bonen. Als u nog niet klaar bent, probeert u de test over ongeveer een minuut opnieuw.

5.Haal de risottopan van het vuur. Proef de kruiden. Voeg peterselie en de resterende boter toe. Voeg kaas toe. Serveer onmiddellijk.

Risotto met tomaat en fontina

Risotto met Pomodori en Fontina

Maakt 6 porties

De originele Fontina Valle d'Aosta heeft een uitgesproken nootachtige, fruitige en aardse smaak, in tegenstelling tot Fontina die elders wordt geproduceerd. Deze risotto uit Noordwest-Italië is het proberen waard. Dit gerecht past goed bij een bloemige witte wijn zoals Arneis uit de nabijgelegen regio Piemonte.

5 kopjes <u>kippen bouillon</u>

3 eetlepels ongezouten boter

1 middelgrote ui, fijngehakt

1 kopje gepelde, gezaaide en gehakte tomaten

2 kopjes middelgrote rijst zoals Arborio, Carnaroli of Vialone Nano

1 1/2 kopje droge witte wijn

Zout en versgemalen zwarte peper

4 ons Fontina Valle d'Aosta, geraspt

1/ kopje vers geraspte Parmigiano-Reggiano

1. Bereid indien nodig bouillon. Breng de bouillon op middelhoog vuur aan de kook en zet het vuur lager om de bouillon warm te houden. Smelt de boter in een brede, zware pan op middelhoog vuur. Voeg de ui toe en kook, af en toe roerend, tot de ui zacht en goudbruin is, ongeveer 10 minuten.

twee. Tomaten toevoegen. Kook tot het grootste deel van de vloeistof is verdampt, ongeveer 10 minuten.

3. Voeg de rijst toe en kook, al roerend met een houten lepel, tot hij heet is, ongeveer 2 minuten. Giet wijn en 1/2 kopje bouillon over de rijst. Kook en roer tot het grootste deel van de vloeistof is opgenomen.

vier. Ga door met het toevoegen van bouillon, ongeveer een halve kop per keer, en roer na elke toevoeging. Pas het vuur zo aan dat de vloeistof snel kookt, maar de rijst niet aan de pan blijft plakken. Breng halverwege de kooktijd op smaak met peper en zout.

5. Gebruik slechts voldoende bouillon tot de rijst zacht maar stevig is en de risotto romig is. Als je je er klaar voor voelt, probeer dan de bonen. Als u nog niet klaar bent, probeert u de test over ongeveer een minuut opnieuw. Als de bouillon op is voordat de rijst gaar is, gebruik dan heet water. De kooktijd bedraagt 18 tot 20 minuten.

6. Haal de risottopan van het vuur. Voeg kaas toe. Proef de kruiden. Serveer onmiddellijk.

Risotto met garnalen en selderie

Risotto met Gamberi en Sedano

Maakt 6 porties

Veel Italiaanse recepten worden op smaak gebracht met soffritto, een combinatie van olie of boter, of soms beide, en aromatische groenten zoals uien, selderij, wortelen, knoflook en soms kruiden. Soms wordt gezouten varkensvlees of pancetta aan de soffritto toegevoegd om het een vlezige smaak te geven.

Zoals de meeste Italiaanse chef-koks die ik ken, doe ik graag al mijn soffritto-ingrediënten in één keer in de pan en zet dan het fornuis aan om alles op te warmen en zachtjes te laten koken, zodat ik het resultaat beter kan controleren. Ik roer de soffritto vaak en kook hem soms tot de groenten zacht zijn voor een milde smaak of tot ze goudbruin zijn om diepte toe te voegen. Als u de olie of boter eerst verwarmt, kan het vet heet worden als de pan dun is, de temperatuur te hoog is of als u afgeleid bent. Als er andere soffritto-smaken worden toegevoegd, zullen deze te snel en ongelijkmatig bruin worden.

De soffritto in dit recept uit Emilia-Romagna bestaat uit twee stappen. Begin met alleen de olijfolie en de ui, want ik wil dat de ui zijn smaak aan de olie overbrengt en aan de onderkant een beetje vervaagt. De tweede stap is het koken van de bleekselderij, peterselie en knoflook zodat de bleekselderij licht knapperig blijft maar toch zijn smaak vrijgeeft en een nieuwe smaaklaag creëert met de peterselie en knoflook.

Als u garnalen in de schaal koopt, bewaar deze dan voor een heerlijke garnalenbouillon. Als je haast hebt, kun je gepelde garnalen kopen en alleen kippen- of visbouillon of zelfs water gebruiken.

6 zelfgemaakte kopjes<u>kippen bouillon</u>of visbestand uit de winkel

1 pond middelgrote garnalen

1 kleine ui fijngesneden

2 eetlepels olijfolie

1 kopje gehakte selderij

2 teentjes knoflook gehakt

2 eetlepels gehakte verse peterselie

2 kopjes middelgrote rijst zoals Arborio, Carnaroli of Vialone Nano

Zout en versgemalen zwarte peper naar smaak.

1 eetlepel ongezouten boter of extra vergine olijfolie

1. Bereid indien nodig bouillon. Pel de garnalen vervolgens en maak ze schoon, maar bewaar de schelpen. Snijd de garnalen in stukjes van 1/2 inch en zet opzij. Doe de mosselen in een grote pan met bouillon. Breng aan de kook en kook gedurende 10 minuten. Zeef de bouillon en verwijder de schillen. Giet de bouillon terug in de pan en verwarm op zeer laag vuur.

twee. In een grote, zware pan bak je de ui in de olie op middelhoog vuur, onder regelmatig roeren, ongeveer 5 minuten. Voeg selderij, knoflook en peterselie toe en kook nog 5 minuten.

3. Voeg de rijst toe aan de groenten en meng goed. Voeg 1/2 kopje bouillon toe en kook al roerend tot de vloeistof is

opgenomen. Ga door met het toevoegen van bouillon, 1/2 kop per keer, en roer na elke toevoeging. Pas het vuur zo aan dat de vloeistof snel kookt, maar de rijst niet aan de pan blijft plakken.

vier. Als de rijst bijna gaar is, voeg je de garnalen en zout en peper naar smaak toe. Gebruik slechts zoveel bouillon als nodig is, totdat de rijst zacht maar stevig is en de risotto sappig en romig is. Als je je er klaar voor voelt, probeer dan de bonen. Als u nog niet klaar bent, probeert u de test over ongeveer een minuut opnieuw. Als de bouillon op is voordat de rijst klaar is, gebruik dan heet water. De kooktijd bedraagt 18 tot 20 minuten.

5.Haal de risotto van het vuur. Voeg boter of olie toe en roer tot alles goed gemengd is. Serveer onmiddellijk.

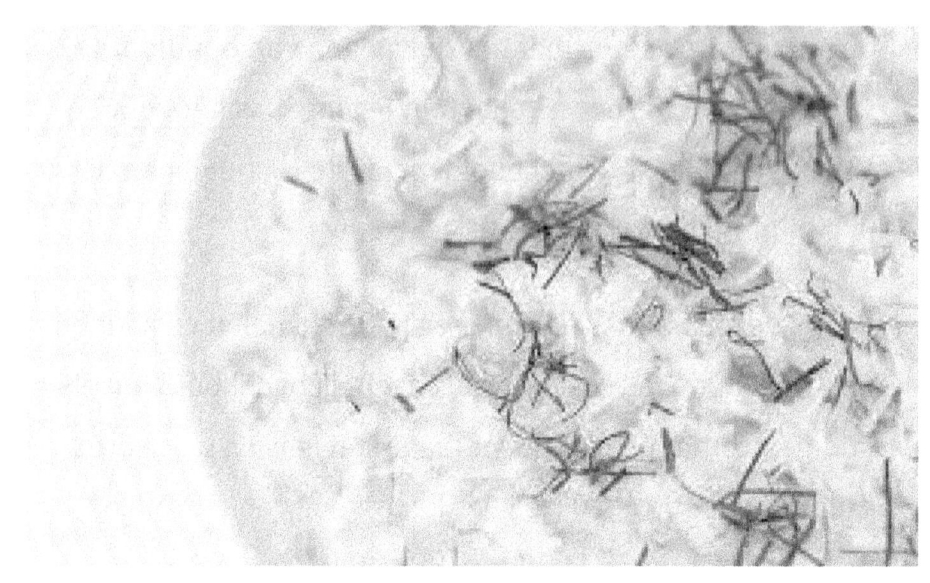

Zeevruchtenrisotto"

Risotto met Frutti di Mare

Recept voor 4 tot 6 porties

Aan deze risotto kunnen kleine mosselen of kokkels of zelfs harde stukken vis zoals tonijn worden toegevoegd. De chef-koks uit Veneto, waar dit recept vandaan komt, geven de voorkeur aan Vialone Nano-rijst.

6 kopjes kippen bouillon of water

6 eetlepels olijfolie

2 eetlepels gehakte verse peterselie

2 grote teentjes knoflook, fijngehakt

1/2 pond calamari (inktvis), in ringen van 1/2 inch gesneden en tentakels vanaf de onderkant gehalveerd (zie Schone inktvis (octopus).)

1 1/4 pond garnalen, geschild en ontdaan van darmen en in stukjes van 1/2 inch gesneden

¼ pond Sint-jakobsschelpen, in stukjes van 1 inch gesneden

Zout

een snufje gemalen rode peper

1 middelgrote ui, fijngehakt

2 kopjes middelgrote rijst zoals Arborio, Carnaroli of Vialone Nano

1 1/2 kopje droge witte wijn

1 kopje gepelde, gezaaide en gehakte tomaten

1. Bereid indien nodig bouillon. Voeg 3 eetlepels olie toe aan een brede, zware pan met de knoflook en peterselie. Kook op middelhoog vuur, af en toe roerend, tot de knoflook zacht en goudbruin is, ongeveer 2 minuten. Voeg alle schaaldieren, zout naar smaak en rode peper toe en kook al roerend tot de inktvis ondoorzichtig is, ongeveer 5 minuten.

twee. Gebruik een schuimspaan om de schaaldieren op een bord te leggen. Voeg de kippenbouillon toe aan de pan en breng aan de kook. Houd bij het koken van de risotto de bouillon op een zeer laag vuur.

3. In een grote, zware pan op middelhoog vuur bak je de ui in de resterende 3 eetlepels olie tot ze goudbruin zijn, ongeveer 10 minuten.

vier. Voeg de rijst toe en kook, al roerend met een houten lepel, tot hij heet is, ongeveer 2 minuten. Voeg wijn toe. Kook tot het grootste deel van de vloeistof is opgenomen. Voeg 1/2 kopje hete bouillon toe en roer tot de vloeistof is opgenomen. Ga door met het toevoegen van bouillon, 1/2 kop per keer, en roer na elke toevoeging. Pas het vuur zo aan dat de vloeistof snel kookt, maar de rijst niet aan de pan blijft plakken. Voeg halverwege het koken de tomaten en zout naar smaak toe.

5. Gebruik slechts voldoende bouillon tot de rijst zacht maar stevig is en de risotto romig is. Als je je er klaar voor voelt, probeer dan de bonen. Als u nog niet klaar bent, probeert u de test over ongeveer een minuut opnieuw. Als de bouillon op is voordat de rijst gaar is, gebruik dan heet water. De kooktijd bedraagt 18 tot 20 minuten.

6. Voeg de schaaldieren toe aan de pan en kook nog een minuut. Haal de risottopan van het vuur. Serveer onmiddellijk.

Geroosterde lamsbout met aardappelen, knoflook en rozemarijn

Agnello al Forno

Maakt 6 porties

Italianen zouden dit lamsvlees goed doorbakken serveren, maar ik denk dat het het lekkerst smaakt als het medium rood is, wat ongeveer 130°F is op een direct afleesbare thermometer. Laat het lamsvlees na het braden rusten, zodat de sappen in het midden van het vlees kunnen stromen.

6 aardappelen voor alle doeleinden, geschild en in stukken van 1 inch gesneden

3 eetlepels olijfolie

Zout en versgemalen zwarte peper

1 lamsbout met bot, getrimd (ca. 2,5 kg)

6 fijngehakte teentjes knoflook

2 eetlepels gehakte verse rozemarijn

1. Plaats het rek in het midden van de oven. Verwarm de oven voor op 350 ° F. Plaats de aardappelen in een braadpan die groot genoeg is om het vlees en de aardappelen in te bewaren, zonder dat het te veel wordt. Besprenkel met olie, zout en peper naar smaak.

twee. Maak met een klein mes ondiepe sneden in het lamsvlees. Voeg wat knoflook en rozemarijn toe aan de inkepingen en bewaar een deel voor de aardappelen. Bestrooi het vlees rijkelijk met zout en peper. Scheid de aardappelen en voeg het vlees toe, met de vetkant naar boven.

3. Plaats de bakplaat in de oven en bak gedurende 30 minuten. Aardappelen keren. Rooster nog eens 30 tot 45 minuten of tot de interne temperatuur 130 ° F bereikt op een direct afleesbare thermometer die in het dikste deel van het vlees wordt gestoken, weg van het bot. Haal de pan uit de oven en leg het lamsvlees op een snijplank. Bedek het vlees met aluminiumfolie. Laat minimaal 15 minuten rusten voordat u gaat snijden.

vier. Controleer of de aardappelen gaar zijn door er met een scherp mes in te prikken. Als ze langer gekookt moeten worden, verlaag dan de oventemperatuur tot 400°F, plaats de pan terug in de oven en kook tot ze klaar zijn.

5.Snijd het lamsvlees in stukken en serveer warm met aardappelen.

Lamsbout met citroen, kruiden en knoflook

Agnello Steccato

Maakt 6 porties

Basilicum, munt, knoflook en citroen ruiken dit gebraden lamsvlees. Als je eenmaal in de oven staat, kun je er niet veel meer aan doen. Dit is het perfecte gerecht voor een kleine lunch of een zondagsdiner. Voeg indien gewenst aardappelen, wortels, bieten of andere wortelgroenten toe aan de braadpan.

1 lamsbout, fijngehakt (ongeveer 3 pond)

2 teentjes knoflook

2 eetlepels gehakte verse basilicum

1 eetlepel gehakte verse munt

1/4 kopje vers geraspte Pecorino Romano of Parmigiano-Reggiano

1 theelepel citroenschil

1 1/2 theelepel gedroogde oregano

Zout en versgemalen zwarte peper

2 eetlepels olijfolie

1. Plaats het rek in het midden van de oven. Verwarm de oven voor op 425 ° F.

twee. Snijd de knoflook, basilicum en munt fijn. Meng het mengsel in een kleine kom met kaas, citroenschil en oregano. Voeg naar smaak 1 theelepel zout en versgemalen peper toe. Snijd met een klein mes het vlees ongeveer 3/4 inch diep in. Voeg in elk gaatje wat kruidenmengsel toe. Wrijf het vlees in met olie. Bak gedurende 15 minuten.

3. Zet het vuur lager tot 350°F. Grill 1 uur langer of tot het vlees medium rood is en de interne temperatuur 130°F bereikt, gemeten met een direct afleesbare thermometer die in het dikste deel is gestoken maar het bot niet raakt.

vier. Haal het lamsvlees uit de oven en leg het op een snijplank. Bedek het lamsvlees met aluminiumfolie en laat het 15 minuten rusten voordat u het aansnijdt. Heet opdienen.

Courgette gevuld met gestoofd lamsvlees

Rijpe courgette

Maakt 6 porties

Een lamsbout voedt een menigte, maar ik heb vaak restjes na een klein diner. Dan maak ik deze heerlijke gevulde courgette. Andere soorten gekookt vlees en zelfs gevogelte kunnen worden vervangen.

2 tot 3 sneetjes (1/2 inch dik) Italiaans brood

1 1/4 kopje melk

1 pond gekookt lamsvlees

2 grote eieren

2 eetlepels gehakte verse peterselie

2 teentjes knoflook gehakt

1/ kopje vers geraspte Pecorino Romano of Parmigiano-Reggiano

Zout en versgemalen zwarte peper

6 middelgrote courgettes, gewassen en in plakjes gesneden

2 kopjes tomatensaus, b.vMarinara-saus

1. Plaats het rek in het midden van de oven. Verwarm de oven voor op 425 ° F. Vet een bakplaat van 13x9x2 inch in.

twee. Verwijder de korst van het brood en snijd het brood in stukjes. (Je zou ongeveer 1 kopje moeten hebben.) Doe de stukjes in een middelgrote kom, giet de melk erbij en laat ze weken.

3. Snijd het vlees fijn in een keukenmachine. Breng over naar een grote kom. Voeg eieren, peterselie, knoflook, geweekt brood, 1/4 kop kaas, zout en peper naar smaak toe. Goed mengen.

vier. Halveer de courgette in de lengte. Hol de zaden uit. Vul de courgette met het vleesmengsel. Leg de courgettes naast elkaar in de pan. Giet de saus erover en bestrooi met de overgebleven kaas.

5. Bak gedurende 35 tot 40 minuten of tot de vulling gaar is en de courgette zacht is. Serveer warm of op kamertemperatuur.

Konijn met witte wijn en kruiden

Coniglio gemaakt van witte wijn

Maakt 4 porties

Dit is een basisrecept voor Ligurische konijnen waarmee je kunt variëren door zwarte of groene olijven of andere kruiden toe te voegen. Chef-koks uit deze regio bereiden konijn op veel verschillende manieren, onder meer met pijnboompitten, champignons of artisjokken.

1 konijn (2 1/2 tot 3 pond), in 8 stukken gesneden

Zout en versgemalen zwarte peper

3 eetlepels olijfolie

1 kleine ui fijngesneden

1 1/2 kop gehakte wortelen

1 1/2 kop gehakte selderij

1 eetlepel gehakte verse rozemarijnblaadjes

1 theelepel gehakte verse tijm

1 laurierblad

1 1/2 kopje droge witte wijn

1 kopje kippenbouillon

1. Spoel de stukken konijn af en dep ze droog met keukenpapier. Breng op smaak met zout en peper.

twee. Verhit de olie in een grote koekenpan op middelhoog vuur. Voeg het konijn toe en bak aan alle kanten ongeveer 15 minuten.

3. Schik uien, wortels, selderij en kruiden rond de stukken konijn en kook tot de uien zacht zijn, ongeveer 5 minuten.

vier. Voeg wijn toe en breng aan de kook. Kook tot het grootste deel van de vloeistof is verdampt, ongeveer 2 minuten. Voeg de bouillon toe en breng aan de kook. Verminder de hitte tot een minimum. Dek de pan af en kook het konijn, af en toe draaiend met een tang, tot het gaar is als je er met een vork in prikt, ongeveer 30 minuten.

5. Leg het konijn op een schaal. Dek af en houd warm. Verhoog het vuur en kook de inhoud van de pan tot het dik en ingedikt is, ongeveer 2 minuten. Gooi het laurierblad weg.

6. Giet de inhoud van de pan over het konijn en serveer onmiddellijk.

Konijntje met olijven

Coniglio alla stimperata

Maakt 4 porties

Rode paprika, groene olijven en kappertjes voegen pit toe aan dit Siciliaanse konijnengerecht. De term alla stimperata wordt op verschillende Siciliaanse recepten toegepast, maar de betekenis ervan is onduidelijk. Het kan zijn afgeleid van stemperare, wat "oplossen, verdunnen of roeren" betekent, verwijzend naar de toevoeging van water aan de pot bij het koken van het konijn.

1 konijn (2 1/2 tot 3 pond), in 8 stukken gesneden

1 1/4 kopje olijfolie

3 teentjes knoflook fijngehakt

1 kopje ontpitte groene olijven, gespoeld en gedroogd

2 rode paprika's, in dunne plakjes gesneden

1 eetlepel kappertjes, afgespoeld

een snufje oregano

Zout en versgemalen zwarte peper

2 eetlepels witte wijnazijn

1 1/2 kopje water

1. Spoel de stukken konijn af en dep ze droog met keukenpapier.

twee. Verhit de olie in een grote koekenpan op middelhoog vuur. Voeg het konijn toe en kook tot het aan alle kanten mooi bruin is, ongeveer 15 minuten. Schik de stukken konijn op een bord.

3. Voeg de knoflook toe aan de pan en bak 1 minuut. Voeg olijven, paprika, kappertjes en oregano toe. Kook al roerend gedurende 2 minuten.

vier. Doe het konijn terug in de pan. Breng op smaak met zout en peper. Voeg azijn en water toe en breng aan de kook. Verminder de hitte tot een minimum. Dek af en kook, waarbij u het konijn af en toe omdraait, tot het gaar is als u er met een vork in prikt, ongeveer 30 minuten. Voeg wat water toe terwijl de vloeistof verdampt. Doe het in een kom en serveer warm.

Konijn in Porchetta-stijl

Coniglio in Porchetta

Maakt 4 porties

De combinatie van kruiden die worden gebruikt om varkensgebraad te bereiden is zo heerlijk dat chef-koks deze hebben aangepast aan ander vlees dat gemakkelijker te bereiden is. In de regio Marche wordt wilde venkel gebruikt, maar gedroogde venkelzaadjes kunnen ook worden vervangen.

1 konijn (2 1/2 tot 3 pond), in 8 stukken gesneden

Zout en versgemalen zwarte peper

2 eetlepels olijfolie

2 ons pancetta

3 fijngehakte teentjes knoflook

2 eetlepels gehakte verse rozemarijn

1 eetlepel venkelzaad

2 of 3 salieblaadjes

1 laurierblad

1 glas droge witte wijn

1 1/2 kopje water

1. Spoel de stukken konijn af en dep ze droog met keukenpapier. Breng op smaak met zout en peper.

twee. Verhit de olie op middelhoog vuur in een koekenpan die groot genoeg is om de stukken konijn in één laag te houden. Leg de stukken op de pan. Verdeel het spek over het hele oppervlak. Kook tot het konijn aan één kant bruin is, ongeveer 8 minuten.

3. Draai het konijn om en bestrooi alle kanten met knoflook, rozemarijn, venkel, salie en laurier. Als het konijn aan de andere kant bruin is, ongeveer 7 minuten, voeg dan de wijn toe en roer, terwijl je de bodem van de pan schraapt. Laat de wijn 1 minuut zachtjes koken.

vier. Kook onafgedekt en draai het vlees af en toe, tot het konijn heel zacht is en van het bot valt, ongeveer 30 minuten. (Voeg wat water toe als de pan te droog is.)

5.Gooi het laurierblad weg. Leg het konijn op een schaal en serveer warm met het panvocht.

Konijn met tomaten

Coniglio alla Ciociara

Maakt 4 porties

In de regio Ciociara buiten Rome, bekend om zijn uitstekende keuken, wordt konijn gekookt in een saus van tomaat en witte wijn.

1 konijn (2 1/2 tot 3 pond), in 8 stukken gesneden

2 eetlepels olijfolie

2 ons pancetta, grof gesneden en fijngehakt

2 eetlepels gehakte verse peterselie

1 teentje knoflook, licht geplet

Zout en versgemalen zwarte peper

1 glas droge witte wijn

2 kopjes pruimtomaten, geschild, zonder zaadjes en in plakjes gesneden

1.Spoel de stukken konijn af en dep ze droog met keukenpapier. Verhit de olie in een grote koekenpan op middelhoog vuur. Doe het konijn in de pan en voeg de pancetta, peterselie en knoflook toe. Kook tot het konijn aan alle kanten goed bruin is, ongeveer 15 minuten. Breng op smaak met zout en peper.

twee. Haal de knoflook uit de pan en gooi deze weg. Voeg wijn toe en kook gedurende 1 minuut.

3.Verminder de hitte tot een minimum. Voeg de tomaten toe en kook het konijn tot het gaar is en van het bot valt, ongeveer 30 minuten.

vier. Leg het konijn op een schaal en serveer warm met de saus.

Zoetzuur gestoofd konijn

Coniglio in Agrodolce

Maakt 4 porties

De Sicilianen staan bekend om hun snoepjes, een erfenis van minstens twee eeuwen Moorse overheersing op het eiland. Rozijnen, suiker en azijn geven dit konijn een licht zoetzure smaak.

1 konijn (2 1/2 tot 3 pond), in 8 stukken gesneden

2 eetlepels olijfolie

2 ons grof gesneden pancetta, fijngehakt

1 middelgrote ui, fijngehakt

Zout en versgemalen zwarte peper

1 glas droge witte wijn

2 hele kruidnagels

1 laurierblad

1 kopje rundvlees- of kippenbouillon

1 eetlepel suiker

1 1/4 kopje witte wijnazijn

2 eetlepels rozijnen

2 eetlepels pijnboompitten

2 eetlepels gehakte verse peterselie

1. Spoel de stukken konijn af en dep ze droog met keukenpapier. Verhit de olie en pancetta in een grote koekenpan op middelhoog vuur gedurende 5 minuten. Voeg het konijn toe en kook aan één kant tot het bruin is, ongeveer 8 minuten. Draai de stukken konijn met een tang en verdeel de ui rondom. Breng op smaak met zout en peper.

twee. Voeg wijn, kruidnagel en laurier toe. Breng de vloeistof aan de kook en kook tot het grootste deel van de wijn is verdampt, ongeveer 2 minuten. Voeg de bouillon toe en dek de pan af. Zet het vuur laag en kook het konijn tot het gaar is, 30 tot 45 minuten.

3.Schik de stukken konijn op een bord. (Als er veel vloeistof over is, kook dan op hoog vuur tot de vloeistof is ingekookt.) Voeg suiker, azijn, rozijnen en pijnboompitten toe. Roer tot de suiker oplost, ongeveer 1 minuut.

vier. Plaats het konijn terug in de pan en kook, terwijl u de stukken in de saus gooit, tot ze goed bedekt zijn, ongeveer 5 minuten. Voeg de peterselie toe en serveer warm met het panvocht uit de pan.

Geroosterd konijn met aardappelen

Coniglio Arrosto

Maakt 4 porties

Bij mijn vriendin Dora Marzovilla thuis begint een zondagse lunch of speciale maaltijd vaak met allerlei knapperige en malse geroosterde groenten, zoals artisjokharten of asperges, gevolgd door gestoomde zelfgemaakte orecchiette of cavatelli met een heerlijke ragout van kleine gehaktballetjes. Dora uit Rutigliano in Puglia is een geweldige kok en het konijnengerecht dat ze als hoofdgerecht serveert is een van haar specialiteiten.

1 konijn (2 1/2 tot 3 pond), in 8 stukken gesneden

1 1/4 kopje olijfolie

1 middelgrote ui, fijngehakt

2 eetlepels gehakte verse peterselie

1/2 droge kop wijn

Zout en versgemalen zwarte peper

4 middelgrote aardappelen voor alle doeleinden, geschild en in partjes van 1 inch gesneden

1 1/2 kopje water

1 1/2 theelepel oregano

1. Spoel de stukken konijn af en dep ze droog met keukenpapier. Verhit twee eetlepels olie in een grote koekenpan op middelhoog vuur. Voeg konijn, ui en peterselie toe. Kook, af en toe draaiend, tot het lichtbruin is, ongeveer 15 minuten. Voeg wijn toe en kook nog 5 minuten. Breng op smaak met zout en peper.

twee. Plaats het rek in het midden van de oven. Verwarm de oven voor op 425 ° F. Vet een koekenpan in die groot genoeg is om alle ingrediënten in één laag te bewaren.

3. Verdeel de aardappelen in de pan en meng met de resterende 2 eetlepels olie. Giet de inhoud van de braadpan in de pan en wikkel de stukjes konijn om de aardappelen. Voeg water toe. Bestrooi met oregano, zout en peper. Bedek

de pan met aluminiumfolie. Bak gedurende 30 minuten. Dek af en kook nog eens 20 minuten of tot de aardappelen gaar zijn.

vier. Breng over naar een serveerschaal. Heet opdienen.

ingelegde artisjokken

Carciofi Marinati

Recept voor 6 tot 8 porties

Deze artisjokken zijn ideaal in salades, bij vleeswaren of als onderdeel van een antipasti-assortiment. Artisjokken zijn in de koelkast minimaal twee weken houdbaar.

Als je geen jonge artisjokken hebt, vervang ze dan door middelgrote artisjokken, in acht partjes gesneden.

1 kopje witte wijnazijn

2 glazen water

1 laurierblad

1 heel teentje knoflook

8 tot 12 jonge artisjokken, in plakjes gesneden en in vieren (zieKook hele artisjokken)

een snufje gemalen rode peper

Zout

Extra vergine olijfolie

1. Meng azijn, water, laurier en knoflook in een grote pan. Breng de vloeistof aan de kook.

twee. Voeg artisjokken, gemalen rode peper en zout naar smaak toe. Kook, prik met een mes, tot ze gaar zijn, 7 tot 10 minuten. Haal van het vuur. Giet de inhoud van de pan door een fijnmazige zeef in een kom. Blijf vloeibaar.

3. Verpak de artisjokken in gesteriliseerde potten. Voeg het kookvocht toe zodat alles bedekt is. Laat volledig afkoelen. Dek af en zet minimaal 24 uur of maximaal 2 weken in de koelkast.

vier. Giet de artisjokken af en besprenkel ze met olie voordat je ze serveert.

Romeinse artisjokken

Carciofi alla Romana

Maakt 8 porties

Kleine boerderijen in heel Rome produceren in de lente en herfst veel verse artisjokken. Kleine vrachtwagens brengen ze naar hoekmarkten waar ze rechtstreeks vanaf de achterkant van de vrachtwagen worden verkocht. Artisjokken hebben lange stelen en de bladeren zitten nog vast, omdat de stelen eetbaar zijn als ze eenmaal zijn geschild. De Romeinen kookten artisjokken met de steel naar boven. Ze zien er erg aantrekkelijk uit op een serveerschaal.

2 grote teentjes knoflook, fijngehakt

2 eetlepels gehakte verse peterselie

1 eetlepel gehakte verse munt of 1/2 theelepel gedroogde marjolein

Zout en versgemalen zwarte peper

1 1/4 kopje olijfolie

8 middelgrote artisjokken, voorbereid om te vullen (zieKook hele artisjokken)

1 1/2 kopje droge witte wijn

1. Meng in een kleine kom knoflook, peterselie en munt of marjolein. Breng op smaak met zout en peper. Voeg 1 eetlepel olie toe.

twee. Haal de blaadjes voorzichtig van de artisjokken en voeg wat van het knoflookmengsel toe. Knijp de artisjokken voorzichtig uit, zodat ze in de vulling passen en plaats ze met de steel naar boven in een pan die groot genoeg is om ze rechtop te houden. Giet de wijn rond de artisjokken. Voeg water toe tot een diepte van 3/4 inch. Besprenkel de artisjokken met de resterende olie.

3. Dek de pan af en breng de vloeistof op middelhoog vuur aan de kook. Kook gedurende 45 minuten of tot de artisjokken gaar zijn als je er met een mes in prikt. Serveer warm of op kamertemperatuur.

gestoomde artisjokken

Carciofi Stufati

Maakt 8 porties

Artisjokken behoren tot de distelfamilie en groeien aan korte, bossige planten. Ze groeien op veel plekken in Zuid-Italië in het wild en worden door veel mensen in hun eigen tuin gekweekt. De artisjok is eigenlijk een ongeopende bloem. Zeer grote artisjokken groeien bovenaan de struik, terwijl kleinere aan de basis groeien. Kleine artisjokken, ook wel baby-artisjokken genoemd, zijn ideaal om te smoren. Bereid ze voor op het koken zoals je een grotere artisjok zou doen. De consistentie en de boterzoete smaak smaken bijzonder goed bij vis.

1 kleine ui fijngesneden

1 1/4 kopje olijfolie

1 teentje knoflook fijngehakt

2 eetlepels gehakte verse peterselie

Baby 2 pondartisjokken, bijgesneden en in vieren gedeeld

¹1/2 kopje water

Zout en versgemalen zwarte peper

1.Fruit de ui in een grote pan in de olie op middelhoog vuur tot ze zacht is, ongeveer 10 minuten. Voeg knoflook en peterselie toe.

twee. Voeg de artisjokken toe aan de pan en meng goed. Voeg water en zout en peper naar smaak toe. Dek af en laat sudderen tot de artisjokken gaar zijn als je er met een mes in prikt, ongeveer 15 minuten. Serveer warm of op kamertemperatuur.

Wijziging: Voeg in stap 2 drie middelgrote aardappelen toe, geschild en in blokjes van 1 inch gesneden, samen met de uien.

Artisjokken op Joodse wijze

Carciofi alla Giudia

Maakt 4 porties

Joden arriveerden voor het eerst in de 1e eeuw voor Christus. BC naar Rome. Ze vestigden zich in de buurt van de Tiber en werden in 1556 door paus Paulus IV opgesloten in een ommuurd getto. Velen waren arm en leefden van eenvoudig, goedkoop voedsel zoals kabeljauw, courgette en artisjokken. Tegen de tijd dat de gettomuren halverwege de 19e eeuw werden afgebroken, hadden Romeinse joden hun eigen kookstijl ontwikkeld, die later door andere Romeinen werd overgenomen. Tegenwoordig worden Joodse gerechten zoals gefrituurde gevulde courgettebloemen, Griesmeelgnocchi, en deze artisjokken worden beschouwd als Romeinse klassiekers.

De Joodse wijk van Rome bestaat nog steeds en er zijn een aantal goede restaurants waar je van dit soort gerechten kunt genieten. Bij Piperno en Da Giggetto, twee populaire trattoria's, worden deze gebakken artisjokken warm geserveerd met veel zout. De bladeren zijn knapperig als chips.

Artisjokken spatten tijdens het koken, dus blijf uit de buurt van het fornuis en bescherm je handen.

4 gemiddeld artisjokken klaargemaakt om te vullen

olijfolie

Zout

1. Droge artisjokken. Leg de artisjok ondersteboven op een vlakke ondergrond. Druk met je hand op de artisjok om hem plat te maken en spreid de bladeren uit. Herhaal met de resterende artisjokken. Draai ze zo dat de punten van de bladeren naar boven wijzen.

twee. Verhit in een grote, diepe koekenpan of brede, zware pan ongeveer 5 cm olijfolie op middelhoog vuur tot het artisjokblad loskomt van de olie en snel bruin wordt. Bescherm je hand met een ovenwant, want de olie kan spetteren en spetteren als de artisjokken nat zijn. Voeg de artisjokken toe met de snijkant naar beneden. Bak de artisjokken, druk ze met een schuimspaan in de olie, tot ze aan één kant goudbruin zijn, ongeveer 10 minuten. Draai de artisjokken voorzichtig om met een tang en bak ze goudbruin, nog ongeveer 10 minuten.

3. Laat uitlekken op keukenpapier. Bestrooi met zout en serveer onmiddellijk.

Romeinse lentegroentenstoofpot

Vignarol

Recept voor 4 tot 6 porties

Italianen zijn erg gevoelig voor de seizoenen en het verschijnen van de eerste artisjokken in het voorjaar betekent dat de winter voorbij is en het warme weer snel terugkeert. Om dit te vieren eten de Romeinen kommen van deze verse lentegroentenstoofpot met artisjokken als hoofdgerecht.

4 ons gesneden pancetta, gehakt

1 1/4 kopje olijfolie

1 middelgrote ui gehakt

4 gemiddeldartisjokken, bijgesneden en in vieren gedeeld

1 pond verse tuinbonen, geschild of als alternatief 1 kopje tuinbonen of bevroren tuinbonen

1/2 kopkippen bouillon

Zout en versgemalen zwarte peper

1 pond verse erwten, gepeld (ongeveer 1 kopje)

2 eetlepels gehakte verse peterselie

1. In een grote koekenpan bak je de pancetta in olie op middelhoog vuur. Roer regelmatig tot de pancetta bruin begint te worden, 5 minuten. Voeg de ui toe en bak tot hij goudbruin is, nog ongeveer 10 minuten.

twee. Voeg artisjokken, tuinbonen, bouillon en zout en peper naar smaak toe. Verminder hitte. Dek af en kook gedurende 10 minuten, of tot de artisjokken bijna gaar zijn als je er met een mes in prikt. Voeg erwten en peterselie toe en kook nog 5 minuten. Serveer warm of op kamertemperatuur.

Krokante artisjokharten

Carciofini Fritti

Recept voor 6 tot 8 porties

In de Verenigde Staten worden artisjokken voornamelijk in Californië verbouwd, waar ze begin 20e eeuw voor het eerst werden verbouwd door Italiaanse immigranten. De rassen verschillen van die in Italië en zijn bij de oogst vaak zeer rijp, soms hard en houtachtig. Bevroren artisjokharten kunnen erg lekker zijn en tijd besparen. Ik gebruik ze soms voor dit recept. Geroosterde artisjokharten smaken heerlijk bij lamskoteletjes of als aperitiefhapje.

12e kindartisjokken, in plakjes gesneden en in vieren, of 2 pakjes (10 ons) bevroren artisjokharten, licht gekookt volgens de aanwijzingen op de verpakking

3 grote eieren, losgeklopt

Zout

2 kopjes droog broodkruimels

frituurolie

Schijfjes citroen

1. Gedroogde verse of gekookte artisjokken. Klop in een middelgrote kom de eieren met zout en breng op smaak. Verdeel het paneermeel op een vel bakpapier.

twee. Plaats het koelrek op de bakplaat. Dompel de artisjokken in het eimengsel en rol ze vervolgens door het paneermeel. Plaats de artisjokken op het rooster om minimaal 15 minuten te drogen voordat u ze gaat koken.

3. Bekleed de bakplaat met keukenpapier. Giet de olie tot een diepte van 2,5 cm in een grote, zware koekenpan. Verhit de olie tot een druppel eimengsel begint te sissen. Voeg voldoende artisjokken toe zodat ze comfortabel in de pan passen zonder dat ze te vol worden. Kook de stukken, draai ze met een tang, tot ze goudbruin zijn, ongeveer 4 minuten. Laat ze uitlekken op keukenpapier en houd ze warm terwijl je de overige artisjokken kookt, indien nodig in batches.

vier. Bestrooi met zout en serveer warm met schijfjes citroen.

Gevulde artisjokken

Carciofi Ripieni

Maakt 8 porties

Zo maakte mijn moeder altijd artisjokken: een klassieke manier van koken in heel Zuid-Italië. De vulling is voldoende om de artisjokken op smaak te brengen en hun aroma naar voren te brengen. Te veel vulling zorgt ervoor dat de artisjokken papperig en zwaar worden. Voeg daarom geen broodkruim meer toe en gebruik in ieder geval broodkruim van goede kwaliteit. Artisjokken kunnen van tevoren worden bereid en op kamertemperatuur worden geserveerd, of warm en vers worden gegeten.

8 gemiddeldartisjokkenklaar om te vullen

3/4 kopje droog broodkruimels

1 1/4 kop gehakte verse peterselie

1/4 kopje vers geraspte Pecorino Romano of Parmigiano-Reggiano

1 teentje knoflook, zeer fijngehakt

Zout en versgemalen zwarte peper

olijfolie

1. Snijd de artisjokkenstengels fijn met een groot koksmes. Meng de stengels in een grote kom met het paneermeel, de peterselie, de kaas, de knoflook en zout en peper naar smaak. Voeg een beetje olie toe en roer om de kruimels gelijkmatig te bevochtigen. Probeer de kruiden aan te passen.

twee. Scheid de bladeren voorzichtig. Vul het midden van de artisjokken lichtjes met het paneermeelmengsel en plaats een deel van de vulling tussen de bladeren. Verpak geen vulling.

3. Plaats de artisjokken in een pot die breed genoeg is om ze rechtop te houden. Voeg water toe tot een diepte van 3/4 inch rond de artisjokken. Besprenkel de artisjokken met 3 eetlepels olijfolie.

vier. Bedek de pan en plaats op middelhoog vuur. Wanneer het water kookt, zet het vuur dan tot een minimum beperkt. Kook ongeveer 40 tot 50 minuten (afhankelijk van de grootte van de artisjokken) of tot de basis van de artisjokken zacht is als je er met een mes in prikt en het blad gemakkelijk loslaat. Voeg indien nodig meer heet water toe om brandwonden te voorkomen. Serveer warm of op kamertemperatuur.

Gevulde artisjokken op Siciliaanse wijze

Carciofi alla Siciliana

Maakt 4 porties

Het hete en droge klimaat van Sicilië is ideaal voor het kweken van artisjokken. De planten met de gekartelde, zilverachtige bladeren zijn erg mooi en worden door veel mensen gebruikt als sierheesters in de eigen tuin. Aan het einde van het seizoen barsten de artisjokken die op de plant achterblijven open en onthullen een rijpe klauwier in het midden die paars en bossig is.

Dit is een Siciliaanse manier om artisjokken te vullen, maar het is ingewikkelderGevulde artisjokkenRecept. Serveer als aperitief bij gegrilde vis of lamsbout.

4 gemiddeldartisjokkenklaar om te vullen

1 1/2 kopje broodkruimels

4 ansjovisfilets, fijngehakt

2 eetlepels gehakte, uitgelekte kappertjes

2 eetlepels geroosterde pijnboompitten

2 eetlepels gouden rozijnen

2 eetlepels gehakte verse peterselie

1 groot teentje knoflook, fijngehakt

Zout en versgemalen zwarte peper

4 eetlepels olijfolie

1 1/2 kopje droge witte wijn

Water

1. Meng in een middelgrote kom broodkruimels, ansjovis, kappertjes, pijnboompitten, rozijnen, peterselie, knoflook en zout en peper naar smaak. Voeg twee eetlepels olie toe.

twee. Scheid de bladeren voorzichtig. Vul de artisjokken losjes met het paneermengsel en doe ook wat vulling tussen de blaadjes. Verpak geen vulling.

3. Doe de artisjokken in een pot die groot genoeg is om ze rechtop te houden. Voeg water toe tot een diepte van 3/4

inch rond de artisjokken. Besprenkel met de resterende 2 eetlepels olie. Giet de wijn rond de artisjokken.

vier. Bedek de pan en plaats op middelhoog vuur. Wanneer het water kookt, zet het vuur dan tot een minimum beperkt. Kook gedurende 40 tot 50 minuten (afhankelijk van de grootte van de artisjokken) of tot de artisjok gaar is als je er met een mes in prikt en het blad er gemakkelijk af valt. Voeg indien nodig meer heet water toe om brandwonden te voorkomen. Serveer warm of op kamertemperatuur.

Asperges in de pan

Asperges in padella

Recept voor 4 tot 6 porties

Deze asperges zijn snel gaar. Voeg indien gewenst gehakte knoflook of verse kruiden toe.

3 eetlepels olijfolie

1 pond asperges

Zout en versgemalen zwarte peper

2 eetlepels gehakte verse peterselie

1.Snij het onderste deel van de asperges af waar de stengel van wit naar groen verkleurt. Snij de asperges in stukjes van 2 cm.

twee. Verhit de olie in een grote koekenpan op middelhoog vuur. Voeg asperges en zout en peper naar smaak toe. Kook, onder regelmatig roeren, tot de asperges lichtbruin zijn, 5 minuten.

3. Dek de pan af en kook nog 2 minuten of tot de asperges gaar zijn. Voeg peterselie toe en serveer onmiddellijk.

Asperges met olijfolie en azijn

Insalata van Asparaga

Recept voor 4 tot 6 porties

Zodra in het voorjaar de eerste lokaal geteelde stengels verschijnen, maak ik ze op deze manier en in grote hoeveelheden klaar om de honger te stillen die tijdens de lange winter is ontstaan. Gooi de asperges in de saus terwijl deze nog warm is, zodat ze het aroma kunnen absorberen.

1 pond asperges

Zout

1 1/4 kop extra vergine olijfolie

1 tot 2 eetlepels rode wijnazijn

vers gemalen zwarte peper

1. Snij het onderste deel van de asperges af waar de stengel van wit naar groen verkleurt. Breng in een grote pan ongeveer 5 cm water aan de kook. Asperges en zout naar

smaak toevoegen. Kook tot de asperges licht gebogen zijn wanneer ze van het uiteinde van de steel worden gehaald, 4 tot 8 minuten. De kooktijd is afhankelijk van de dikte van de asperges. Verwijder de asperges met een pincet. Laat uitlekken op keukenpapier en dep droog.

twee. Meng in een grote, ondiepe kom de olie, azijn, een snufje zout en voldoende peper. Klop met een vork tot alles goed gemengd is. Voeg de asperges toe en roer voorzichtig tot ze bedekt zijn. Serveer warm of op kamertemperatuur.

Asperges met citroenboter

Asperges zijn al ezel

Recept voor 4 tot 6 porties

Asperges die op zo'n eenvoudige manier zijn bereid, passen bij bijna alles, van eieren tot vis en vlees. Voeg voor de variatie gehakte verse bieslook, peterselie of basilicum toe aan de boter.

1 pond asperges

Zout

2 eetlepels ongezouten boter, gesmolten

1 eetlepel vers citroensap

vers gemalen zwarte peper

1. Snij het onderste deel van de asperges af waar de stengel van wit naar groen verkleurt. Breng in een grote pan ongeveer 5 cm water aan de kook. Asperges en zout naar smaak toevoegen. Kook tot de asperges licht gebogen zijn wanneer ze van het uiteinde van de steel worden gehaald, 4

tot 8 minuten. De kooktijd is afhankelijk van de dikte van de asperges. Verwijder de asperges met een pincet. Laat uitlekken op keukenpapier en dep droog.

twee. Maak de pan schoon. Voeg boter toe en kook op middelhoog vuur tot het gesmolten is, ongeveer 1 minuut. Voeg citroensap toe. Doe de asperges terug in de pan. Bestrooi met peper en draai voorzichtig om, zodat het geheel bedekt is met de saus. Serveer onmiddellijk.

Asperges met diverse sauzen

Recept voor 4 tot 6 porties

Gekookte asperges smaken heerlijk op kamertemperatuur met diverse sauzen. Ze zijn perfect als avondeten, omdat je ze van tevoren kunt maken. Het maakt niet uit of de asperges dik of dun zijn, maar probeer de asperges ongeveer even groot te houden, zodat ze gelijkmatig gaar worden.

    Olijfolie mayonaise, Sinaasappel mayonaise, Of Groene Saus

1 pond asperges

Zout

1. Bereid saus of sauzen naar wens. Snijd vervolgens het onderste deel van de asperges af op de plek waar de stengel van wit naar groen verkleurt.

twee. Breng in een grote pan ongeveer 5 cm water aan de kook. Asperges en zout naar smaak toevoegen. Kook tot de asperges licht gebogen zijn wanneer ze van het uiteinde van de steel worden gehaald, 4 tot 8 minuten. De kooktijd is afhankelijk van de dikte van de asperges.

3. Verwijder de asperges met een pincet. Laat uitlekken op keukenpapier en dep droog. Serveer de asperges op kamertemperatuur met één of meerdere sauzen.

Asperges met kappertjesdressing en eieren

Asperges van Capri en Uove

Recept voor 4 tot 6 porties

In Trentino-Alto Adige en Veneto zijn dikke witte asperges een lenteritueel. Ze worden gebakken en gekookt en toegevoegd aan risotto's, soepen en salades. Eiersaus is een typische smaakmaker, bijvoorbeeld met citroensap, peterselie en kappertjes.

1 pond asperges

Zout

1 1/4 kopje olijfolie

1 theelepel vers citroensap

versgemalen peper

1 hardgekookt ei, in blokjes gesneden

2 eetlepels gehakte verse peterselie

1 eetlepel kappertjes, afgespoeld en uitgelekt

1.Snij het onderste deel van de asperges af waar de stengel van wit naar groen verkleurt. Breng in een grote pan ongeveer 5 cm water aan de kook. Asperges en zout naar smaak toevoegen. Kook tot de asperges licht gebogen zijn wanneer ze van het uiteinde van de steel worden gehaald, 4 tot 8 minuten. De kooktijd is afhankelijk van de dikte van de asperges. Verwijder de asperges met een pincet. Laat uitlekken op keukenpapier en dep droog.

twee. Roer in een kleine kom de olie, het citroensap en een snufje zout en peper door elkaar. Voeg ei, peterselie en kappertjes toe.

3.Doe de asperges in een serveerschaal en giet de saus erover. Serveer onmiddellijk.

Asperges met Parmezaanse kaas en boter

Parmigiana-asperges

Recept voor 4 tot 6 porties

Dit wordt ook wel Asparagi alla Milanese (asperges in Milanese stijl) genoemd, hoewel het in veel verschillende regio's wordt gegeten. Als u witte asperges kunt vinden, zijn deze bijzonder geschikt voor deze behandeling.

1 pond dikke asperges

Zout

2 eetlepels ongezouten boter

vers gemalen zwarte peper

1/ kopje vers geraspte Parmigiano-Reggiano

1. Snij het onderste deel van de asperges af waar de stengel van wit naar groen verkleurt. Breng in een grote pan ongeveer 5 cm water aan de kook. Asperges en zout naar smaak toevoegen. Kook tot de asperges licht gebogen zijn

wanneer ze van het uiteinde van de steel worden gehaald, 4 tot 8 minuten. De kooktijd is afhankelijk van de dikte van de asperges. Verwijder de asperges met een pincet. Laat uitlekken op keukenpapier en dep droog.

twee. Plaats het rek in het midden van de oven. Verwarm de oven voor op 450 ° F. Beboter een grote ovenschaal.

3.Leg de asperges naast elkaar in de ovenschaal en laat ze iets overlappend liggen. Bestrijk ze met boter en bestrooi ze met peper en kaas.

vier. Bak gedurende 15 minuten of tot de kaas gesmolten en goudbruin is. Serveer onmiddellijk.

Pakketten asperges en prosciutto

Fagotten van Asparaga

Maakt 4 porties

Voor een hartiger gerecht leg ik soms op elk pakketje plakjes Fontina Valle d'Aosta, mozzarella of een andere kaas die goed smelt.

1 pond asperges

Zout en versgemalen peper

4 plakjes geïmporteerde Italiaanse prosciuttoham

2 eetlepels boter

1/4 kopje vers geraspte Parmigiano-Reggiano

1. Snij het onderste deel van de asperges af waar de stengel van wit naar groen verkleurt. Breng in een grote pan ongeveer 5 cm water aan de kook. Asperges en zout naar smaak toevoegen. Kook tot de asperges licht gebogen zijn wanneer ze van het uiteinde van de steel worden gehaald, 4

tot 8 minuten. De kooktijd is afhankelijk van de dikte van de asperges. Verwijder de asperges met een pincet. Laat uitlekken op keukenpapier en dep droog.

twee. Plaats het rek in het midden van de oven. Verwarm de oven voor op 350 ° F. Beboter een grote ovenschaal.

3.Smelt de boter in een grote koekenpan. Asperges toevoegen en bestrooien met peper en zout. Draai de asperges met twee spatels voorzichtig in de boter, zodat ze goed bedekt zijn.

vier. Verdeel de asperges in 4 groepen. Plaats elke groep in het midden van een plakje Serranoham. Wikkel de asperges om de uiteinden van de serranoham. Leg de pakketjes in een ovenvaste schaal. Strooi Parmezaanse kaas erover.

5.Bak de asperges gedurende 15 minuten of totdat de kaas smelt en een korst vormt. Heet opdienen.

Gebakken asperges

Asperges al Forno

Recept voor 4 tot 6 porties

Door de asperges te roosteren worden ze bruin en komt de natuurlijke zoetheid naar voren. Perfect voor het grillen van vlees. Het gekookte vlees kan uit de oven worden gehaald en de asperges kunnen terwijl ze rusten worden gebakken. Gebruik voor dit recept dikke asperges.

1 pond asperges

1 1/4 kopje olijfolie

Zout

1. Plaats het rek in het midden van de oven. Verwarm de oven voor op 250 ° F. Snij het onderste deel van de asperges af waar de stengel van wit naar groen verkleurt.

twee. Leg de asperges op een bakplaat die groot genoeg is om er één laag op te leggen. Besprenkel met olie en zout. Draai de asperges heen en weer zodat ze bedekt zijn met olie.

3. Bak 8 tot 10 minuten of tot de asperges gaar zijn.

Asperges in Zabaglione

Asperges allo Zabaione

Maakt 6 porties

Zabaglione is een lichte eiervla die meestal zoet als dessert wordt geserveerd. In dit geval worden de eieren opgeklopt met witte wijn en zonder suiker en geserveerd met asperges. Het is een elegant aperitief voor een lentemaaltijd. Het schillen van de asperges is optioneel, maar zorgt ervoor dat de asperges zacht zijn van top tot steel.

1 1/2 pond asperges

2 grote eierdooiers

1 1/4 kopje droge witte wijn

snufje zout

1 eetlepel ongezouten boter

1. Snij het onderste deel van de asperges af waar de stengel van wit naar groen verkleurt. Om de asperges te schillen,

begin je onderaan en verwijder je met een roterend mes de donkergroene schil tot aan het uiteinde van de steel.

twee. Breng in een grote pan ongeveer 5 cm water aan de kook. Asperges en zout naar smaak toevoegen. Kook tot de asperges licht gebogen zijn wanneer ze van het uiteinde van de steel worden gehaald, 4 tot 8 minuten. De kooktijd is afhankelijk van de dikte van de asperges. Verwijder de asperges met een pincet. Laat uitlekken op keukenpapier en dep droog.

3. Breng ongeveer 2,5 cm water aan de kook in de onderste helft van een pan of dubbele boiler. Doe de eierdooiers, wijn en zout in een dubbele boiler of in een hittebestendige kom die goed tegen de pan past zonder het water te raken.

vier. Roer het eimengsel tot het goed gemengd is en plaats de pan of kom op het kokende water. Klop met een elektrische handmixer of een garde tot het mengsel bleek van kleur is en een gladde vorm behoudt als de klopper wordt opgetild, ongeveer 5 minuten. Klop de boter tot het gemengd is.

5. Giet de hete saus over de asperges en serveer onmiddellijk.

Asperges met Taleggio en pijnboompitten

Asperges van Taleggio en Pinola

Recept voor 6 tot 8 porties

Niet ver van Peck's, de beroemde gastronomische winkel van Milaan, ligt de Trattoria Milanese. Dit is een geweldige plek om eenvoudige, klassieke Lombardische gerechten te proberen, zoals asperges met Taleggio, een aromatische, halfzachte, boterachtige koemelkkaas die lokaal wordt gemaakt en een van de beste kazen van Italië. Fontina of Bel Paese kunnen worden gewisseld als Taleggio niet beschikbaar is.

2 pond asperges

Zout

2 eetlepels ongezouten boter, gesmolten

150 gram Taleggio, Fontina Valle d'Aosta of Bel Paese, in kleine stukjes gesneden

1/4 kopje gehakte pijnboompitten of gesneden amandelen

1 eetlepel paneermeel

1. Plaats het rek in het midden van de oven. Verwarm de oven voor op 450 ° F. Beboter een ovenschaal van 13x9x2 inch.

twee. Snij het onderste deel van de asperges af waar de stengel van wit naar groen verkleurt. Om de asperges te schillen, begin je onderaan en verwijder je met een roterend mes de donkergroene schil tot aan het uiteinde van de steel.

3. Breng in een grote pan ongeveer 5 cm water aan de kook. Asperges en zout naar smaak toevoegen. Kook tot de asperges aan het uiteinde van de stengel lichtjes buigen wanneer ze worden opgetild, 4 tot 8 minuten. De kooktijd is afhankelijk van de dikte van de asperges. Verwijder de asperges met een pincet. Laat uitlekken op keukenpapier en dep droog.

vier. Leg de asperges in de ovenschaal. Bestrijk met boter. Verdeel de kaas over de asperges. Bestrooi met walnoten en paneermeel.

5. Bak tot de kaas is gesmolten en de pecannoten goudbruin zijn, ongeveer 15 minuten. Heet opdienen.

Timbales van asperges

Sformatini di Asparaga

Maakt 6 porties

Dergelijke zijdezachte crèmes zijn een ouderwetse bereiding die in veel Italiaanse restaurants populair blijft, vooral omdat ze zo lekker zijn. Bijna elke groente kan op deze manier worden bereid en deze kleine kommen vormen een uitstekend vegetarisch voor-, hoofdgerecht of hoofdgerecht. Sformatini, letterlijk 'kleine misvormde dingen', kan puur worden geserveerd, overgoten met tomatensaus of kaas, of omgeven door in boter gebakken groenten.

1 kopjeBechamel

11/2 pond asperges, gehakt

3 grote eieren

1/4 kopje vers geraspte Parmigiano-Reggiano

Zout en versgemalen zwarte peper

1. Maak eventueel bechamelsaus klaar. Breng in een grote pan ongeveer 5 cm water aan de kook. Asperges en zout naar smaak toevoegen. Kook tot de asperges aan het uiteinde van de stengel lichtjes buigen wanneer ze worden opgetild, 4 tot 8 minuten. De kooktijd is afhankelijk van de dikte van de asperges. Verwijder de asperges met een pincet. Laat uitlekken op keukenpapier en dep droog. Knip 6 uiteinden af en reserveer.

twee. Doe de asperges in een keukenmachine en maal ze tot een gladde massa. Meng de eieren, bechamelsaus, kaas, 1 theelepel zout en peper naar smaak.

3. Plaats het rek in het midden van de oven. Verwarm de oven voor op 350 ° F. Beboter royaal zes 6-ounce flatbreads of schaaltjes. Giet het aspergemengsel in de kopjes. Plaats de kopjes in een grote braadpan en giet kokend water tot halverwege de kopjes.

vier. Bak gedurende 50 tot 60 minuten of totdat een mes dat in het midden wordt gestoken er schoon uitkomt. Haal de vormen uit de vorm en ga met een klein mes langs de randen. Breng de vormen over naar serveerschalen.

Garneer met de achtergehouden aspergetips en serveer warm.

Bonen in landelijke stijl

Fagioli alla Paesana

Voor ongeveer 6 kopjes bonen, portiegrootte 10 tot 12

Dit is de basiskookmethode voor alle soorten bonen. Geweekte bonen kunnen bij kamertemperatuur gisten, dus bewaar ik ze in de koelkast. Eenmaal gekookt, serveer met een beetje extra vergine olijfolie of voeg toe aan soepen of salades.

1 pond veenbessen, cannellini of andere gedroogde bonen

1 wortel, in plakjes gesneden

1 stengel bleekselderij met bladeren

1 ui

2 teentjes knoflook

2 eetlepels olijfolie

Zout

1. Spoel de bonen af en til ze op om eventuele gebroken bonen of kleine steentjes te verwijderen.

twee. Plaats de bonen in een grote kom met koud water, zodat ze 5 cm onder water staan. Zet 4 uur tot een nacht in de koelkast.

3. Giet de bonen af en plaats ze in een grote pan met koud water, zodat ze 2,5 cm onder water staan. Breng water op middelhoog vuur aan de kook. Zet het vuur laag en verzamel het schuim dat naar boven drijft. Als het schuim niet meer stijgt, voeg je groenten en olijfolie toe.

vier. Dek de pan af en laat 1,5 tot 2 uur sudderen, voeg indien nodig meer water toe, tot de bonen heel zacht en romig zijn. Breng op smaak met zout en laat ongeveer 10 minuten rusten. Gooi groenten weg. Serveer warm of op kamertemperatuur.

Toscaanse bonen

Fagioli Stuffati

Maakt 6 porties

De Toscanen zijn meesters in de bonenkeuken. Gedroogde peulvruchten met kruiden worden gekookt in een nauwelijks borrelende vloeistof. Langdurig en langzaam koken levert zachte, romige bonen op die tijdens het koken hun vorm behouden.

Probeer altijd een paar bonen om te kijken of ze gaar zijn, want ze zijn niet allemaal tegelijk klaar. Na het koken laat ik de bonen nog even op het vuur staan om er zeker van te zijn dat ze gaar zijn. Ze zijn warm en zorgen voor perfecte warmte.

Bonen zijn heerlijk toegevoegd aan soepen of geserveerd met warm, geroosterd Italiaans brood, besprenkeld met knoflook en besprenkeld met olie.

8 ons gedroogde cannellini, veenbessen of andere bonen

1 groot teentje knoflook, licht gehakt

6 verse salieblaadjes of een klein takje rozemarijn of 3 takjes verse tijm

Zout

Extra vergine olijfolie

vers gemalen zwarte peper

1. Spoel de bonen af en til ze op om eventuele gebroken bonen of kleine steentjes te verwijderen. Plaats de bonen in een grote kom met koud water, zodat ze 5 cm onder water staan. Zet 4 uur tot een nacht in de koelkast.

twee. Verwarm de oven voor op 300 ° F. Giet de bonen af en plaats ze in een braadpan of een andere diepe, zware pan met een goed sluitend deksel. Voeg vers water toe tot een dekking van 1 inch. Voeg knoflook en salie toe. Breng op laag vuur aan de kook.

3. Bedek de bakplaat en plaats deze op het middelste rek van de oven. Kook tot de bonen heel zacht zijn, ongeveer 1 uur en 15 minuten, of langer afhankelijk van het type en de leeftijd van de bonen. Controleer af en toe of er meer water

nodig is om de bonen onder water te zetten. Voor sommige bonen kan het koken nog eens 30 minuten duren.

vier. Probeer de bonen. Als het volledig gaar is, voeg dan zout naar smaak toe. Zet de bonen 10 minuten opzij. Serveer warm met een scheutje olijfolie en een snufje zwarte peper.

bonensalade

Insalata di Fagioli

Maakt 4 porties

Door de bonen warm te kruiden, kunnen ze de smaken absorberen.

2 eetlepels extra vergine olijfolie

2 eetlepels vers citroensap

Zout en versgemalen zwarte peper

2 kopjes warme gekookte bonen of bonen uit blik, b.v. B. Cannellinibonen of veenbessen

1 kleine gele paprika, in blokjes gesneden

1 kop kerstomaatjes, gehalveerd of in vieren gesneden

2 groene uien, in stukjes van 1/2 inch gesneden

1 bosje rucola, fijngehakt

1. Roer in een middelgrote kom de olie, het citroensap en zout en peper naar smaak door elkaar. Giet de bonen af en voeg ze toe aan de dressing. Goed mengen. Laat 30 minuten staan.

twee. Voeg paprika, tomaten en uien toe en meng. Probeer de kruiden aan te passen.

3. Doe de rucola in een kom en garneer met de salade. Serveer onmiddellijk.

Bonen en kool

Fagioli en Cavolo

Maakt 6 porties

Serveer als voorgerecht in plaats van pasta of soep, of als bijgerecht bij gebraden varkensvlees of kip.

2 ons pancetta (4 dikke plakjes), in reepjes van 1 inch gesneden

2 eetlepels olijfolie

1 kleine gehakte ui

2 grote teentjes knoflook

1/4 theelepel gemalen rode peper

4 kopjes gehakte kool

1 kopje gehakte verse of ingeblikte tomaten

Zout

3 kopjes gekookte of ingeblikte cannellinibonen of veenbessen, uitgelekt

1.Bak de pancetta in olijfolie in een grote koekenpan gedurende 5 minuten. Voeg de ui, knoflook en paprika toe en kook tot de ui zacht is, ongeveer 10 minuten.

twee. Voeg kool, tomaten en zout naar smaak toe. Zet het vuur lager en dek de pan af. Kook gedurende 20 minuten of tot de kool gaar is. Voeg de bonen toe en kook nog 5 minuten. Heet opdienen.

Bonen in salie en tomatensaus

Fagioli all'Uccellto

Maakt 8 porties

Deze Toscaanse bonen worden gekookt als wildvogels met salie en tomaten, vandaar hun Italiaanse naam.

1 pond gedroogde cannellinibonen of Great Northern-bonen, gespoeld en geoogst

Zout

2 takjes verse salie

3 grote teentjes knoflook

1 1/4 kopje olijfolie

3 grote tomaten, geschild, zonder zaadjes en gehakt, of 2 kopjes tomaten uit blik

1. Plaats de bonen in een grote kom met koud water, zodat ze 5 cm onder water staan. Zet ze 4 uur in de koelkast, zodat ze een nacht kunnen weken.

twee. Giet de bonen af en plaats ze in een grote pan met koud water, zodat ze 2,5 cm onder water staan. Breng de vloeistof aan de kook. Dek af en kook tot de bonen gaar zijn, 1 1/2 tot 2 uur. Breng op smaak met zout en laat 10 minuten rusten.

3.In een grote pan sauteer je de salie en de knoflook in olie op middelhoog vuur, waarbij je de knoflook met de achterkant van een lepel plet, tot de knoflook goudbruin is (ongeveer 5 minuten). Tomaten toevoegen.

vier. Giet de bonen af, bewaar het vocht. Voeg bonen toe aan de saus. Kook gedurende 10 minuten en voeg wat van de bewaarde vloeistof toe als de bonen droog worden. Serveer warm of op kamertemperatuur.

kikkererwten stoofpot

Ceci in Zimino

Recept voor 4 tot 6 porties

Deze hartige stoofpot smaakt op zichzelf al heerlijk, maar je kunt ook gekookte noedels of rijst en water of bouillon toevoegen om er een soep van te maken.

1 middelgrote ui gehakt

1 teentje knoflook fijngehakt

4 eetlepels olijfolie

1 pond snijbiet of spinazie, schoongemaakt en gehakt

Zout en versgemalen zwarte peper

3½ kopjes gekookte of ingeblikte kikkererwten, uitgelekt

Extra vergine olijfolie

1. Fruit in een middelgrote pan de uien en knoflook in olie op middelhoog vuur tot ze goudbruin zijn, 10 minuten. Voeg

snijbiet en zout naar smaak toe. Dek af en kook gedurende 15 minuten.

twee. Voeg de kikkererwten toe met een beetje kookvocht of water en zout en peper naar smaak. Dek af en kook nog eens 30 minuten. Roer af en toe en prak een deel van de kikkererwten fijn met de achterkant van een lepel. Als het mengsel te droog is, voeg dan nog wat vloeistof toe.

3.Laat iets afkoelen voordat je het serveert. Besprenkel indien gewenst met een beetje extra vergine olijfolie

Tuinbonen met bittere greens

De Favoriet en Cicoria

Recept voor 4 tot 6 porties

Gedroogde tuinbonen hebben een aardse en licht bittere smaak. Let bij het kopen op de geschilde variëteit. Ze zijn iets duurder, maar de moeite waard om te vermijden als je eelt hebt. Ze koken ook sneller dan tuinbonen met de schil erop. Gedroogde en gepelde tuinbonen zijn te vinden op etnische markten en markten die gespecialiseerd zijn in natuurlijke voedingsmiddelen.

Dit recept komt uit Puglia, waar het praktisch het nationale gerecht is. Elk type bittere groente kan worden gebruikt, zoals radicchio, rabe broccoli, koolrabi of paardenbloem. Bij het koken voeg ik graag een snufje gemalen rode peper toe aan mijn groenten, maar dat is niet traditioneel.

8 ons gedroogde tuinbonen, geschild, gespoeld en uitgelekt

1 middelgrote gekookte aardappel, geschild en in stukken van 1 inch gesneden

Zout

1 pond radicchio of paardenbloemgroen, bijgesneden

1 1/4 kop extra vergine olijfolie

1 teentje knoflook fijngehakt

een snufje gemalen rode peper

1. Doe de bonen en aardappelen in een grote pan. Voeg koud water toe tot een halve inch. Breng aan de kook en kook tot de bonen heel zacht zijn, uit elkaar vallen en al het water is opgenomen.

twee. Voeg zout naar smaak toe. Pureer de bonen met een lepel of aardappelstamper. Voeg olie toe.

3. Breng een grote pan water aan de kook. Voeg groenten en zout naar smaak toe. Kook gedurende 5 tot 10 minuten, afhankelijk van het soort groente, tot ze gaar zijn. Goed laten uitlekken.

vier. Droog het glas. Voeg olie, knoflook en gemalen rode peper toe. Kook op middelhoog vuur tot de knoflook goudbruin is, ongeveer 2 minuten. Voeg uitgelekte groenten en zout naar smaak toe. Goed mengen.

5. Verdeel de bonenpuree in een kom. Schik de groenten erbovenop. Indien nodig met meer olie besproeien. Serveer warm of heet.

Verse tuinbonen op Romeinse wijze

Favoriete gerecht alla Romana

Maakt 4 porties

Verse tuinbonen met peulen zijn een belangrijke voorjaarsgroente in Midden- en Zuid-Italië. De Romeinen halen ze graag uit de schaal en eten ze rauw als begeleider van jonge pecorino. Bonen worden ook gestoomd met andere lentegroenten zoals erwten en artisjokken.

Als de bonen erg jong en zacht zijn, is het niet nodig om de dunne schil die ze bedekt te pellen. Probeer er één met vel en één zonder vel te eten om te zien of ze zacht zijn.

De smaak en textuur van verse bonen zijn compleet anders dan gedroogde bonen. Vervang ze daarom niet door elkaar. Als je geen verse fava kunt vinden, zoek dan naar bevroren bonen, die op veel markten in Italië en het Midden-Oosten worden verkocht. Verse of bevroren limabonen passen ook goed bij dit gerecht.

1 kleine ui fijngesneden

4 ons pancetta, in blokjes gesneden

2 eetlepels olijfolie

4 pond verse limabonen, geschild (ongeveer 3 kopjes)

Zout en versgemalen zwarte peper

$1$1/4 kopje water

1. In een middelgrote koekenpan bak je de ui en pancetta in de olijfolie op middelhoog vuur tot ze goudbruin zijn, 10 minuten.

twee. Voeg bonen en zout en peper naar smaak toe. Voeg water toe en zet het vuur lager. Dek de pan af en kook 5 minuten of tot de bonen bijna gaar zijn.

3. Ontdek en kook tot de bonen en pancetta lichtbruin zijn, ongeveer 5 minuten. Heet opdienen.

Verse Umbrische tuinbonen

een jumpsuit

Maakt 6 porties

Tuinbonenpeulen moeten stevig en knapperig zijn, niet gerimpeld of papperig, wat erop wijst dat ze te oud zijn. Hoe kleiner de peul, hoe zachter de bonen zullen zijn. Figuur 1 pond verse bonen in peulen voor 1 kopje gepelde bonen.

2 1/2 pond verse limabonen, gepeld of 2 kopjes bevroren limabonen

1 pond snijbiet, bijgesneden en in reepjes van 1 inch breed gesneden.

1 gesnipperde ui

1 middelgrote wortel, gehakt

1 fijngesneden bleekselderij

1 1/4 kopje olijfolie

1 theelepel zout

vers gemalen zwarte peper

1 middelrijpe tomaat, geschild, zonder zaadjes en in stukjes gesneden

1. Meng in een middelgrote pan alle ingrediënten behalve de tomaat. Dek af en laat sudderen, af en toe roeren, tot de bonen gaar zijn, 15 minuten. Als de groenten beginnen te plakken, voeg dan een beetje water toe.

twee. Voeg de tomaat toe en kook onafgedekt 5 minuten. Heet opdienen.

Broccoli met olie en citroen

agrarische broccoli

Maakt 6 porties

Dit is de belangrijkste manier waarop in Zuid-Italië veel soorten gekookte groenten worden geserveerd. Ze worden altijd op kamertemperatuur geserveerd.

11/2 pond broccoli

Zout

11/4 kop extra vergine olijfolie

1 tot 2 eetlepels vers citroensap

Citroenschijfjes ter decoratie

1. Verdeel de broccoli in grote roosjes. Snijd de uiteinden van de stengels af. Verwijder de harde schil met een dunschiller met roterend mes. Snijd de dikke stengels in plakjes van 1/4 inch.

twee. Breng een grote pan water aan de kook. Broccoli en zout naar smaak toevoegen. Kook tot de broccoli gaar is, 5 tot 7 minuten. Giet af en laat iets afkoelen onder koud stromend water.

3.Besprenkel de broccoli met olie en citroensap. Garneer met schijfjes citroen. Serveer op kamertemperatuur.

Parma-stijl broccoli

Parmigiana-broccoli

Maakt 4 porties

Maak voor de afwisseling eens dit bloemkool-broccoligerecht.

11/2 pond broccoli

Zout

3 eetlepels ongezouten boter

vers gemalen zwarte peper

1/ kopje vers geraspte Parmigiano-Reggiano

1.Verdeel de broccoli in grote roosjes. Snijd de uiteinden van de stengels af. Verwijder de harde schil met een dunschiller met roterend mes. Snijd de dikke stengels in plakjes van 1/4 inch.

twee. Breng een grote pan water aan de kook. Broccoli en zout naar smaak toevoegen. Kook tot de broccoli gedeeltelijk gaar is, ongeveer 5 minuten. Giet af en koel af met koud water.

3. Plaats het rek in het midden van de oven. Verwarm de oven voor op 375 ° F. De ovenschaal is groot genoeg voor de broccoli.

vier. Plaats de speren in de voorbereide pan en laat ze een beetje overlappen. Bestrijk met boter en bestrooi met peper. Strooi kaas erover.

5. Bak gedurende 10 minuten of tot de kaas gesmolten en lichtbruin is. Heet opdienen.

Broccoli rabe met knoflook en pepperoni

Cime di zeeduivel met pepperoncino

Maakt 4 porties

Er is niets beter dan dit recept als het gaat om het kruiden van uw broccoli rabe. Dit gerecht kan ook gemaakt worden met broccoli of bloemkool. Sommige versies bevatten een paar ansjovis gebakken in knoflook en olie, of voegen een handvol olijven toe voor een pittige smaak. Het is ook een geweldige toevoeging aan pasta.

11/2 pond koolzaadbroccoli

Zout

3 eetlepels olijfolie

2 grote teentjes knoflook, in dunne plakjes gesneden

een snufje gemalen rode peper

1.Verdeel de broccoliroosjes in roosjes. Snijd de basis van de stelen af. Het pellen van de stelen is optioneel. Snij elke bloem kruislings in 2 of 3 delen.

twee. Breng een grote pan water aan de kook. Voeg broccoli rabe en zout naar smaak toe. Kook tot de broccoli bijna gaar is, ongeveer 5 minuten. droogleggen.

3.Giet de pan af en voeg olie, knoflook en rode peper toe. Kook op middelhoog vuur tot de knoflook lichtbruin is, ongeveer 2 minuten. Broccoli en een snufje zout toevoegen. Goed mengen. Dek af en kook tot ze gaar zijn, nog 3 minuten. Serveer warm of op kamertemperatuur.

Broccoli met prosciutto

Gestoofde broccoli

Maakt 4 porties

De broccoli in dit recept wordt gekookt tot hij zacht genoeg is om met een vork te pureren. Serveer als bijgerecht of beleg met Italiaanse broodcrostini.

11/2 pond broccoli

Zout

1 1/4 kopje olijfolie

1 middelgrote ui gehakt

1 teentje knoflook fijngehakt

4 dunne plakjes geïmporteerde Italiaanse prosciutto, kruislings in dunne reepjes gesneden

1. Verdeel de broccoli in grote roosjes. Snijd de uiteinden van de stengels af. Verwijder de harde schil met een dunschiller

met roterend mes. Snijd de dikke stengels in plakjes van 1/4 inch.

twee. Breng een grote pan water aan de kook. Broccoli en zout naar smaak toevoegen. Kook tot de broccoli gedeeltelijk gaar is, ongeveer 5 minuten. Giet af en koel af met koud water.

3.Giet de pan af en voeg olie, ui en knoflook toe. Bak op middelhoog vuur tot ze goudbruin zijn, ongeveer 10 minuten. Broccoli toevoegen. Dek af en zet het vuur lager. Kook tot de broccoli gaar is, ongeveer 15 minuten.

vier. Pureer de broccoli met een aardappelstamper of vork. Voeg ham toe. Breng op smaak met zout en peper. Heet opdienen.

Rabe broccolibroodjes

Mursi uit de Cime di Rape

Maakt 4 porties

Minestra kan een dikke soep zijn met pasta of rijst, of een stevig groentegerecht zoals deze uit Puglia met blokjes brood. Hoewel het waarschijnlijk bedacht is door een zuinige huisvrouw met een restje brood en genoeg om je mond mee te vullen, is het toch lekker genoeg als voorgerecht of als bijgerecht bij spareribs of karbonades.

11/2 pond koolzaadbroccoli

3 teentjes knoflook, in dunne plakjes gesneden

een snufje gemalen rode peper

1/3 kop olijfolie

4 tot 6 sneetjes (1/2 inch dik) Italiaans of stokbrood, in kleine stukjes gesneden

1.Verdeel de broccoliroosjes in roosjes. Snijd de basis van de stelen af. Het pellen van de stelen is optioneel. Snijd elke bloem kruislings in stukjes van 1 inch.

twee. Breng een grote pan water aan de kook. Voeg broccoli rabe en zout naar smaak toe. Kook tot de broccoli bijna gaar is, ongeveer 5 minuten. droogleggen.

3.Fruit in een grote koekenpan de knoflook en de rode peper 1 minuut in de olie. Voeg de broodblokjes toe en kook, onder regelmatig roeren, tot het brood licht geroosterd is, ongeveer 3 minuten.

vier. Voeg de broccoli rabe en een snufje zout toe. Kook nog 5 minuten terwijl je roert. Heet opdienen.

Broccoli rabe met spekjes en tomaten

Cime di Zeeduivel al Pomodori

Maakt 4 porties

In dit recept vormt de vlezige smaak van pancetta, uien en tomaten een aanvulling op de gedurfde smaak van broccoli rabe. Dit is een ander gerecht dat uitstekend past bij warme pasta.

11/2 pond koolzaadbroccoli

Zout

2 eetlepels olijfolie

2 dikke plakjes spek, fijngehakt

1 middelgrote ui gehakt

een snufje gemalen rode peper

1 kopje ingeblikte gehakte tomaten

2 eetlepels droge witte wijn of water

1. Verdeel de broccoliroosjes in roosjes. Snijd de basis van de stelen af. Het pellen van de stelen is optioneel. Snijd elke bloem kruislings in stukjes van 1 inch.

twee. Breng een grote pan water aan de kook. Voeg broccoli rabe en zout naar smaak toe. Kook tot de broccoli bijna gaar is, ongeveer 5 minuten. droogleggen.

3. Giet olie in een grote koekenpan. Voeg de pancetta, ui en rode paprika toe en kook op middelhoog vuur tot de ui glazig is, ongeveer 5 minuten. Voeg de tomaten, wijn en een snufje zout toe. Kook nog eens 10 minuten of tot het ingedikt is.

vier. Voeg de broccoli rabe toe en kook tot ze gaar zijn, ongeveer 2 minuten. Heet opdienen.

www.ingramcontent.com/pod-product-compliance
Lightning Source LLC
Chambersburg PA
CBHW071334110526
44591CB00010B/1139